大是文化

史官不提的中國文明史

正史不記載，但決定人怎麼活的大事！
文獻搜尋、出土文物佐證，最有感的歷史是生活。

侯印國——著
中國文獻學、文化傳播學專家

目錄

第二章　以為尋常的風俗，何時開始？

第三章　古人傳播資訊的速度，超乎你想像

推薦序

深入尋常百姓家，看見歷史的細節與轉折

「歷史說書人」團隊／柯睿信

近代歷史學界裡，常規的史學觀點通常以**書寫王侯將相，或歷史舞臺的大人物**為出發點，讀起來雖有流暢且酣暢淋漓之感，但假設稍加留意，即能發現該種史觀**其實難以解釋歷史上曾發生諸多從民間社會文化瑣碎、微觀的小事，而延伸出的歷史重大轉折**。

因此，自一九七〇年代以降，新興的「**微觀歷史**」（Microhistory）史觀出現。**這種史觀主張「從小地方問大問題」，提倡應以常民文化為起點，書寫屬於百姓的文化視角**。此種史學論述在學界逐漸受到肯定，各國書寫微觀史的史普書籍也應運而生。

相較於其他國家，中國微觀史的文化背景更加複雜，因為中國文化並非源於一時一地，且又受到各地的文化交流影響，在不斷的融合變化下，成為可謂是「龐然大物」的存在。

又由於中國歷史悠久的特性，偶爾也會導致「錯置文化形成時間」的烏龍，例如中國史上第一個「春節」，其實是民國年間才出現的產物；而我們今日在動漫文化圈所流行的角色扮演（Cosplay），其實從古籍裡就能找到相關記載。以文化史的角度觀之，這兩項事實已足夠令人意外，但這本《史官不提的中國文明史》卻寫出了更多令人咋舌的真實歷史。

從漢代時，懶惰的人們發明出能迅速解決便溺問題的移動馬桶「虎子」；乃至唐朝，人們往往藉著清明期間長達七天的連假，以祭祖之名行出城玩樂之實；再到明清期間訂報行業的興盛。本書中，作者所探討的範圍，涵蓋食衣住行育樂，並對這些事物背後的歷史脈絡，做了深入且完整的梳理。

由於本書的內容皆是我們不曾注意到的「邊角料」，這也就導致了蒐集這些「邊緣史」書寫難度較高，不僅得保證史料的取材新穎，又得維護主題的有趣性。然而，文化學者出身、現於南京大學執教的侯印國教授，以其傑出的史學與文化學造詣，證明了這並非不可能的任務。

總括而言，本書的二十二篇文章內容「深入尋常百姓家」，能讓人了解時代下的生活形式，且文風非常淺顯易懂，就好似一則則故事般，讀著讀著很快就進到下一篇了。以一本史普書籍來說，文字的淺白與否的確對知識傳播影響甚深，在此不得不由衷佩服作者在歷史寫作上的深厚功底。

自微觀歷史的概念提出以來，這派論述就在史學界中遭遇過不少挑戰。如今，關於微觀史的批評，大多圍繞著歷史的碎片化展開。但必須澄清的是，這並不代表微觀史一無是處，**從常民的生活角度切入，不但能更全面的重構古人生活，使之更加有血有肉，更甚者也能藉此見微知著，探討不同文化間的碰撞與融合**。

這本書寫的是中國文化的全部嗎？明顯不是，但從這本《史官不提的中國文明史》，我們可以看出歷史這門學問，其實離我們的生活並不遙遠。因為，古人說到底也終究是人，他們會做的事，有時也正是我們這些現代人會做的事情呀！

前言
從邊緣史，看見文化碰撞的火花

我們身處的這個時代極具特色，文化的交融與碰撞規模，遠遠超過歷朝歷代。在經濟與文化的廣泛交流合作中，也不乏文明衝突的論調。這種論爭絕不僅是學者和思想家之間的紙上戰爭，也深刻影響著每個人的生活。如何看待不同文化之間的關係，實際上被視為劃分一個人思想傾向的重要指標。

沒有人能否認全球文化的相互影響，而爭議的關鍵在於碰撞，而非融合：不同文化之間，是否可能真正平等？如果不能，文化的交流應該以何種文化為主體？不同文化之間有無優劣之分，換句話說，何者更適合未來人類？是否有放諸四海皆準的文化模型？不同地域、不同民族是否應該堅守自己的文化，又要在何種程度上實現兼容並蓄？

這些哲學家們曾反覆爭辯的問題，現在也成為一般人的話題，伴隨著一個個新聞事件，引發廣泛的爭論。

「八方雄起」的中華文明發源

在中國，文化的交融有縱、橫兩個尺度。從**橫向來說，是其他地區外來思潮的影響**，這一方面，許多學者已有論述，中國文化發展本身融合了不少其他地域的文化，例如佛教的中國化及其對中國文化的影響，就是一個經典的例證。

當前社會如何看待外來思潮，已經有不少學者的精彩討論。而**本書關注的重點，是縱向的歷程，即中國古代文化變遷中的文化融合與碰撞問題**。我選擇了兩個少人問津的細節領域，展示中國文化發展的兩個切面。

中華文明經歷漫長的發展演變，也始終面臨著文化的交融與衝突。現今考古研究已經確定，**中華文明的起源並非一地一端，而是「八方雄起」，這些如群星一樣的文明，經過交融合流，最終依附於同一個主流**。

在傳世文獻中，「華夏」一詞最早見於《尚書·武成》：「華夏蠻貊[1]，罔不率俾（按：音同「綠避」，順從之意）。」意思是說無論是中原地區的民族，還是偏遠地區的民族，都對武王表示順從臣服。這種順從並非簡單的武力征服，同時也伴隨「王道教化」的影響。春秋戰國時期，百家爭鳴，諸子競起，諸家思想在碰撞交融中綻放火花，並持續影響著中國文化。而在漫長的時間演變中，儒家思想的地位日漸提升，最終成為中國文化思想的主流，影響著古代每個人的日常生活。

本書中，**將討論古人日常生活中一些細節的歷史變遷**，藉此觀察中國文化觀念和習俗的變化。不同於以往學者的宏大敘述，我選擇了一批**特別瑣碎、甚至邊緣的細節，我稱之為「邊緣文化史」**，例如古人使用廁所的歷史變遷、吃火鍋的演變、對某個神靈形象的信仰等。

以其中一篇關於哪吒的討論為例，這個被設定在周代的神祇，實際上在唐代隨著佛教密宗經典被引介到中國，並持續被中國化改造，故事日漸豐滿，到了元明時期，正式成為橫跨三教的神靈。又因為話劇和《封神演義》等通俗文藝的改造和推廣，成為「全民偶像」，在明代末期開始出現廣泛的信仰。

1 古代稱南方和北方落後部族，泛指四方落後部族。

再舉一例，如關於報紙演變的一節，談到古代不同時期的審查和假新聞，其實和現今我們面臨的問題，有著類似的文化背景。

從文化變遷的細節觀察歷史，關注的重點是文化交融、碰撞產生的景觀。雖是歷史，仍可以當作我們觀察當代文化的參考。

本書的主要內容源自隨筆，文風淺近，難免缺乏厚重之感，但考慮到本書是一部文化隨筆集，而非學術論文集，沒有再改寫為嚴肅的書面語，敬請讀者海涵。書中難免錯舛，懇請方家批評指正。

第一章

現代人食衣日常，跟古人差多少？

1 火鍋之名起於清，但更早以前就有人這麼吃

火鍋風行大江南北，占據潮流美食的一席之地，各種新穎的火鍋形式也不斷推陳出新，代表著中國人對食物的執著與創新精神。雖然有些美食家對火鍋——尤其是四川火鍋——不屑一顧，認為它破壞了食物本身的韻味；但對於一般大眾而言，火鍋的誘惑真是難以抵擋。

不過，喜歡火鍋的人雖多，但要問火鍋的歷史，知道的人可能就不多了。

漢墓出土青銅火鍋？

第一個吃火鍋的人是誰，已無法查考。而火鍋的源頭在哪裡呢？目前還沒有公認的結論，有人說商、**周時期的青銅鼎，就是火鍋的原型，尤其是「溫鼎」**，比一

般的鼎多了可添加炭火的部位。

溫鼎是一種溫器，用來加熱、保溫東西。網路上廣泛流傳的「考據文章」，說《韓詩外傳》中有「擊鐘列鼎」的記載，提到眾人圍在鼎四周，將牛肉、羊肉等放入鼎中煮熟後分食，不少人都信以為真，甚至進一步提出戰國時期已經有火鍋。事實上，《韓詩外傳》這本書裡，壓根就沒有這四個字，這單純只是個謠言。

▲西周晉侯溫鼎，出土於晉武侯夫人墓，器腹內壁鑄有銘文「晉侯作旅鼎」五字。現藏於山西博物院。

江西南昌的西漢海昏侯墓，主墓室東北角出土過一個奇特的青銅三足器皿。據說，現場專家反覆討論後，認定它是一個火鍋。在電視媒體的採訪中，專家明確表示：「它是兩千年前漢代的火鍋，跟我們現在的火鍋非常接近。」後來不少媒體跟進報導，特別強調這個「銅火鍋」，但如果你仔細觀察這個器皿，會發現其實很難想像這個三足器裡加滿熱湯，把肉片或蔬菜扔進去煮的畫面。

北京大學文博學院胡東波教授的觀點可能更準確：「**這個疑似火鍋的物品，可能是個保溫器，而非真正的火鍋**。從炭盤推測它能承載的炭量，推測很難用它把食物直接煮熟，有可能是將已經煮熟的食物端上去保溫。」

有了鍋就算有火鍋嗎？能不能「涮」才是重點

西漢墓中，還出土過一種銅器，它的構造可分為三個部分：主體為炭爐，其下是承接炭灰的盤，炭爐上放置可活動的杯。一九五〇年代，它被挖掘出時定名為「烹爐」，後來又叫「溫爐」，一九八〇年代以後又挖掘出一批，叫「溫酒爐」或「溫酒器」，而現在基本上都稱作染爐和染杯。

大部分學者認為這類器具是溫酒器，近年來也有學者認為它是專門溫豆豉醬

▲ 海昏侯墓出土的青銅三足器皿，上面為鍋，底下為炭盤。

的器具。不過，也有部分學者認為這是一種火鍋。但這類器具大多很小，染杯小而淺，容量不超過三百毫升，整套爐具高度不超過十五公分，用來熱醬可以，但用來涮火鍋就很難說得通。

《呂氏春秋．當務》裡記載了一則寓言：齊國有兩個武士，分別住在城東和城西，有天他們一起到酒館飲酒，但沒有下酒的肉，就商議從彼此身上割肉來吃。「於是具染而已，因抽刀而相啖。」一直吃到死在店裡。有學者就認為，這兩人肯定是用染爐涮自己的肉吃，這邏輯簡直是不可思議。

「染」其實是調味料的意思。因此，這句話意思非常清楚，就是兩個人只要了一點調味料，就割肉開始吃了，是形容兩人的莽撞。總之，把染杯或染爐定義為火鍋，是沒有任何根據的。

魏晉南北朝時期，還出現了一些奇特的炊具，其中有兩種看起來跟現代火鍋的「鍋」長得很像。

▲ 西漢墓中出土的染杯及染爐，最上層淺盤為染杯，中間為染爐，底層淺盤則用來接炭灰。

一個是銅爨，《魏書・獠傳》記載：「鑄銅為器，大口寬腹，名曰銅爨，既薄且輕，易於熟食。」這個叫銅爨的炊具，並非中原人使用，而是獠這個少數民族的特色廚具。

另一個是五熟釜，《三國志・魏志・鍾繇傳》：「魏國初建，為大理，遷相國，文帝在東宮，賜繇五熟釜。」魏晉史學家裴松之在這裡註解：「太子與繇書曰：『昔有黃三鼎，周之九寶，咸以一體使調一味，豈若斯釜，五味時芳？』」整件事是這樣的：魏文帝曹丕還是太子時，送了一個獨特的鍋給相國鍾繇，還寫信誇耀他這口鍋能同時做五種菜。

所謂的五熟釜，其實就是有多個分格的鍋，確實和現在的鴛鴦鍋外型有點像。很多人認為，這兩種東西就是火鍋的雛形。不過，這兩種鍋雖然跟現代的火鍋長得像，**但火鍋之所以叫火鍋，核心並不是鍋，而是要涮著吃。**文獻裡雖然稱讚這兩種鍋使用方便，但完全沒有提到它們的用法和其他鍋具有何不同。要說它們是火鍋的原型，說服力不足，或者說可能性非常小。

▲ 五熟釜，因鍋內部有五個分隔而得名。

「晚來天欲雪，能飲一杯無」，配的是火鍋嗎？

唐代詩人白居易〈問劉十九〉，是膾炙人口的名篇：「綠蟻新醅酒，紅泥小火爐。晚來天欲雪，能飲一杯無？」有人提出，這個紅泥小火爐，指的就是火鍋或暖鍋。這一說法，甚至被編寫進《中國烹飪辭典》（按：中國烹飪書籍，最早發行於二〇〇三年，至今已有多次改版）等專業書籍。現代的商家自然不會放過這個傳說，據說有名為白樂天火鍋的火鍋店，刻苦鑽研，還真的「復原」了這個唐代的紅泥小火爐，生意很好。

但古人閱讀這首詩，都把這個小火爐理解為溫酒所用。古代的酒大多數是米酒，沒有經過完整的蒸餾流程，雜質多，加熱後酒中甲醇等雜質就能揮發，才不會傷身。「綠蟻新醅酒，紅泥小火爐。」兩句連讀，溫酒之意非常明顯，也和下一句「能飲一杯無」暢通無礙。反倒是盯著「紅泥小火爐」五個字，能想出火鍋，簡直是不可思議。

我們換個思路看，目前存世的唐代文獻數量很多，不要說各種史書、經注、筆記、小說、文集，單單唐詩也有近五萬首，**整個唐代，卻只有白居易這一句詩提到**

火鍋，其他人都完全沒有提到，這件事根本就沒有道理。

到了南宋，才有可以涮肉的火鍋

要說和今天火鍋比較像的，是南宋林洪在他的《山家清供》一書中提到的「撥霞供」。林洪，字龍發，號可山，南宋晚期泉州晉江人，《山家清供》是他寫的一本福建菜譜，共兩卷，一百零二節，其中「撥霞供」是這樣記載：

向遊武夷山六曲，訪止止師，遇雪天，得一兔，無庖人可製。師云：「山間只用薄批，酒、醬、椒料沃之。以風爐安座上，用水少半銚，候湯響，一杯後各分以箸，令自筴入湯，擺熟啖之，乃隨宜各以汁供。」因用其法，不獨易行，且有團欒熱暖之樂。越五六年，來京師，乃復於楊泳齋伯嵒席上見此，恍然去武夷如隔一世。楊，勳家，嗜古學而清苦者，宜此山家之趣。因詩之：「浪湧晴江雪，風翻晚照霞。」末云：「醉憶山中味，都忘貴客來。」豬、羊皆可。

這段文字大意是說，作者在大雪天去武夷山拜訪止止師，得到一隻兔子，但沒有廚師能料理，止止師就告訴他，把兔子肉切成薄片，稍微醃製一下，桌上放一個風爐，再準備半鍋湯（當時的湯就是白開水），等湯一開，每個人分一雙筷子，自己夾著兔肉在湯裡搖擺，直到肉熟了，撈出來沾點調味料醬汁吃即可。這其實就是涮肉，和今日的涮牛肉沒有什麼區別。

當時這樣吃的還不只一家。過了五、六年，林洪去京城（杭州）朋友楊泳齋家吃飯，又看到了這種吃法，激動不已，還寫了一首詩紀念，並且特別強調豬肉、羊肉都可以這樣涮來吃。

這位止止師，指的可能就是南宋末年的詩僧止

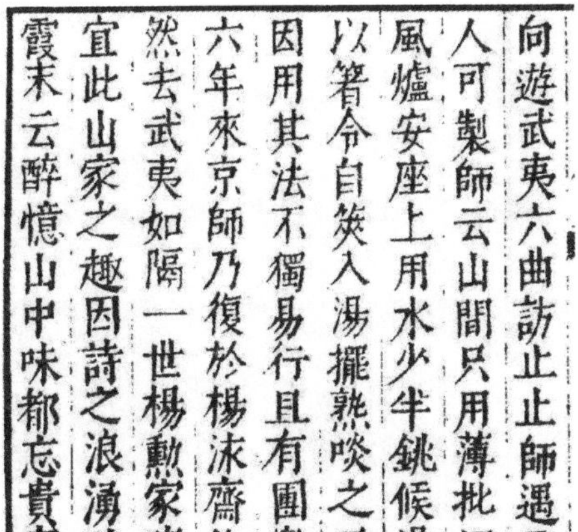

向遊武夷六曲訪止止師遇雪天得一兎無庖人可製師云山間只用薄批酒醬椒料沃之以風爐安座上用水少半銚候湯響一杯後各分以箸令自筴入湯擺熟啖之乃隨宜各以汁供因用其法不獨易行且有團欒熱煖之樂越五六年來京師乃復於楊泳齋伯嵒席上見此恍然去武夷如隔一世楊勲家嗜古學而清苦者宜此山家之趣因詩之浪湧晴江雪風飜晚照霞末云醉憶山中味都忘貴客來猪羊皆可本

▲《山家清供》中，關於撥霞供的記載。

禪師，他有一首〈卜算子〉傳世，很有豪邁之氣：「書是玉關來，淚向松江隨。梅自飄香柳自青，嘹唳征鴻過。沙漠暗塵飛，嵩岳愁雲鎖。淮上千營夜枕戈，此恨憑誰破。」南宋末年，江山改易，很多豪傑遁入空門，止禪師可能就是其中一位。正因如此，他吃兔肉也就不難理解了。

由此可見，止止師和楊泳齋兩人，堪稱是中國火鍋的先行者，尤其是止止師，堪稱中國火鍋第一人。

清代皇室，出了名嗜吃火鍋

宋代雖然有了跟今天火鍋類似的吃法，但曇花一現，流傳不廣。在明代幾百年間，幾乎沒有相關記載，可見並沒有普及。**真正推廣火鍋的，是清代皇室。「火鍋」這兩個字，很可能是從清宮裡傳出來。**

在康熙皇帝「千叟宴」的一份菜單中，有一道「野味火鍋」，具體內容是：「野味火鍋，隨上圍碟十二品：鹿肉片、飛龍脯、麅子脊、山雞片、野豬肉、野鴨脯、魷魚卷、鮮魚肉、刺龍牙（五加科）、大葉芹、刺五加、鮮豆苗。」乾隆皇帝更是舉辦過有近一千六百五十個火鍋的火鍋宴。在清宮御膳檔案裡，野味火鍋、生肉火鍋、羊肉火鍋、菊花火鍋都經常出現。

上有所好，下必效焉，加上火鍋本身特有的魅力，很快就在北京城流行，影響力隨即遍及全國。

當時火鍋流行到什麼程度呢？定居在南京的乾嘉時期著名學者袁枚，為此專門寫了一篇〈戒火鍋〉，收錄在其名著《隨園食單》裡，對火鍋大加討伐。

文章中寫道：「冬日宴客，慣用火鍋，對客喧騰，已屬可厭；且各菜之味，有一定火候，宜文宜武，宜撤宜添，瞬息難差。今一例以火逼之，其味尚可問哉？近人用燒酒代炭，以為得計，而不知物經多滾，總能變味。或問：『菜冷奈何？』曰：『以起鍋滾熱之菜，不使客登時食盡，而尚能留之以至於冷，則其味之惡劣可知矣。』」正是這種批評，更能看到火鍋的風行程度。

清宮裡還有一種高貴的火鍋——菊花火鍋，是慈禧太后的摯愛，慈禧御前女官裕德齡在《御香縹緲錄》中，詳細介紹了它的做法和吃法。

簡而言之，這種火鍋是在雞湯中加入白菊花瓣，花香浸入湯中之後，涮雞肉等生肉片，據說芬芳撲鼻，別有風味。

稱霸江湖的後起之秀：四川火鍋

四川菜在中國古代出名得早，在宋代《東京夢華錄》一書中，就記載宋徽宗時期，京城汴都有不少川食店。不過，那時候辣椒還沒有傳入中國，川菜和今天大有不同。

至於以麻辣鮮香為特色的四川火鍋，起源並不久遠，大概是在清朝末年，才從民間慢慢產生，其起源地一說是四川瀘州，一說是重慶江邊，都有道理。

四川火鍋和重慶火鍋四處揚名，有兩個歷史節點。第一個是抗日戰爭時期，國民政府在重慶多年，很多政府高官、教授名人第一次品嘗到重慶火鍋，都為其折

▲〈千叟宴圖〉（清代，汪承霈繪）。千叟宴始於康熙，盛於乾隆，是清宮中的規模最大、與宴者最多的盛大皇家御宴，在清代共舉辦過 4 次。

服。女作家丁玲第一次吃火鍋，就是在四川被郭沫若（按：為中國著名文學家、歷史學家）帶去，一吃心喜。因為這些名流的「代言」推廣，川式火鍋影響力大增，和老北京火鍋分庭抗禮。

第二個節點，則是在中國改革開放（按：一九七八年後）以後。事實上，現今流行的許多菜餚，都是改革開放以後才出現。單就川菜來說，大量辣菜也都完善於一九八〇年代以後。川式火鍋的崛起，也是近幾十年的事情。

▲清代火鍋。

2 中秋節吃月餅？其實明代才有

中秋節的歷史非常悠久，不過月餅則非如此，作為中秋節的「限定美食」，月餅其實很晚才出現。

北宋蘇軾的〈留別廉守〉詩中有一句「小餅如嚼月，中有酥與飴」，往往被認為是描寫月餅的詩句，甚至有些網友以訛傳訛，以這一句為基礎，偽造幾句湊進去，真假混雜，還直接將這首詩的題目錯寫成〈月餅〉。而一些介紹中秋文化的文章不加考辨，紛紛引用。

但其實，這句詩和我們所說的月餅沒有任何關係，它只是說有一種甜點圓圓的像月亮，是以酥油和糖製成。

此外，這種甜點也不是只有中秋節吃，它是一種日常食品。

南宋已有月餅，但和中秋節沒關係

時間軸再往後，南宋《武林舊事》等書中，提到有一種麵食叫「月餅」，不少人認為這就說明宋代人已經在中秋節吃月餅了。其實不然，**當時叫「月餅」的食物，只是一種日常美食，它和今天的餅長得也不像，是用蒸的，更像是包子。**

兩宋之際中秋節的習俗，在《東京夢華錄》等書中有很詳細的紀錄。中秋節前後，酒館會賣新酒，所以喝新酒是當時中秋節的習俗；至於食物，比較應景的是剛剛上市的螃蟹和石榴、榅桲（又名木梨，果實呈梨形或蘋果形）、梨、棗、葡萄、棖橘（橙橘類的果品）等時令水果。

晚間賞月，富貴人家家裡亭臺樓閣張燈結綵，而普通人家則紛紛跑到酒樓裡，大家欣賞各色表演，熱熱鬧鬧，直至通宵。

除了螃蟹和水果，兩宋之際鄭望的《膳夫錄》中，提到中秋夜的節令食物有「玩月羹」（按：以桂圓、蓮子、藕粉和枸杞製成的甜點）。事實上，**在當時中秋風俗中，並沒有吃月餅這一項。**

明代月餅，跟自行車輪胎差不多大

傳說在元代，漢人為了抵禦外族統治，以餅為暗號，約定八月十五起義反抗，後來中秋節就有吃月餅的習俗。這當然只是民間傳說故事，並非真實歷史。

中秋節吃月餅，其實是明代以後才有的事。嘉靖年間田汝成所著的《西湖遊覽志餘》卷二十「熙朝樂事」，記載杭州的中秋節：「八月十五日謂之中秋，民間以月餅相遺，取團圓之義。是夕，人家有賞月之宴，或攜榼遊船，沿遊徹曉。蘇堤之上，連袂踏歌，無異白日。」這個時候，人們在中秋節才開始互相饋贈月餅，將之視為團圓的象徵。

萬曆年間的太監劉若愚《酌中志》，則記載

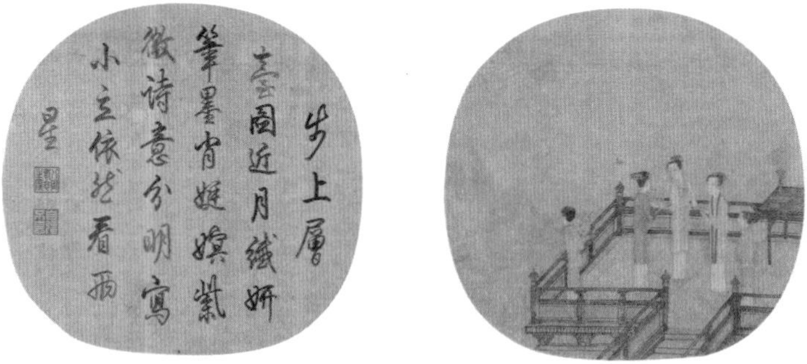

▲〈瑤臺步月圖〉（北宋，劉宗古繪），描繪仕女賞月情景。現藏於北京故宮博物院。

了當時北京皇宮和民間的中秋節，也提到了月餅：「（八月）宮中賞秋海棠、玉簪花。自初一日起，即有賣月餅者。加以西瓜、藕，互相饋送……至十五日，家家供月餅瓜果。候月上焚香後，即大肆飲啖，多竟夜始散席者。如有剩月餅，仍整收於風涼乾燥之處，至歲暮闔家分用之，曰團圓餅也。」寓意團圓的月餅，當時也被叫做「團圓餅」，和西瓜、蓮藕等都是中秋節親友間互相饋贈的基本配備，也是晚上供月的主要供品。

當時的月餅和今天的不同之處，在於它非常大。明朝劉侗、于奕正編著的《帝京景物略》卷二記載：「八月十五祭月，其祭果餅必圓；分瓜必牙錯瓣刻之，如蓮華……月餅月果，戚屬饋相報，餅有徑二尺者。」當時月餅特別大，**甚至能達到「徑二尺」，也就是直徑六十六公分左右，跟自行車輪胎差不多大了。**這麼大的月餅當然不是一個人吃，而是**全家共享一個大月餅，正是「團圓」**。

正因為當時中秋節的月餅尺寸很大，在明代早期並不稱其為月餅，而是叫做「太餅」。明太祖第十七子朱權在《臞仙神隱書》「八月」中記載：「其十五日夜，金精旺盛之時，月光最盛，闔家大小於庭前長幼而坐，設杯盤酒食之具。乃造太餅一枚，眾共食之，謂之八月求團圓。」當時是一家人分吃一個大月餅。

吃大月餅的風俗，一直延續到清代。如道光《大同縣誌》記載：「中秋節：八月初一日後，凡餅鋪俱開爐做餅，名月餅……其供月之餅大至三二尺許，名團圓餅。供畢，分給家人，不及外戚，外戚別製餅遺之。」

直到晚清《燕京歲時記》，還有記載這種大月餅：「中秋月餅，以前門致美齋為京都第一，他處不足食也。至供月餅，到處皆有。大者尺餘，上繪月宮蟾兔之

▲清《十二月令圖》（八月）。《十二月令圖》共有 12 幅，描繪每個月不同景色與特定活動。過去曾在乾隆宮廷懸掛，每月一幅，按月更換。現藏於臺北故宮博物院。

形。有祭畢而食者，有留至除夕而食者，謂之團圓餅。」在皇宮中，甚至還有數十斤重的大月餅。

到了清代以後，方便食用的小月餅才逐漸流行。

古代月餅的口味有哪些？

在今天，除了常見的豆沙、棗泥、五仁、蛋黃、蓮蓉之類的口味，各種神奇口味的月餅層出不窮，例如巧克力、鮑魚、榴槤、烤鴨等，只有想不到，沒有吃不到。而古代，月餅口味當然遜色許多，最簡單的不過就是一顆實心的餅。當然，也有一些口味稍微講究的月餅。

清代大才子袁枚，在他完成於南京的美食名著《隨園食單》中，記載一種「劉方伯月餅」。這種月餅的製作方法是「用山東飛麵作酥為皮，中用松仁、核桃仁、瓜子仁為細末，微加冰糖和豬油作餡」，吃起來則是「不覺甚甜，而香鬆柔膩，迥異尋常」。這種外層為酥皮、並以果仁為餡料的月餅，正類似今日的五仁月餅。

清代曾懿的《中饋錄》中詳細記載一種「酥月餅」的做法：「用上白灰麵，一半上甑蒸透，勿見水氣，一半生者以豬油合涼水和麵，再將蒸熟之麵，全以豬油和之。用生油麵一團，內包熟油麵一小團，以擀麵杖擀成茶杯口大，疊成方形，再擀為團，再疊為方形，然後包餡。用餅印印成，上爐炕熟，則得矣。油酥餡則用熟麵和糖及核桃等，略加麻油，則不散矣。」這種家常的小月餅，顯然也是酥皮果仁餡的月餅。此外，《紅樓夢》裡記載賈府吃的月餅，基本上也屬於五仁月餅。

普通人家大多吃五仁，皇宮裡的口味就比較豐富。以餡料的口味來說，有蜜餞果脯、橙沙、棗泥、芝麻椒鹽等，比普通人家的月餅精緻不少，但和今天各種異想天開的風味月餅相比，就相形失色了。

許多今天我們熟悉的月餅口味，都出現得很晚。比如經典的蓮蓉月餅，就有「有了蓮香樓蓮蓉，才有蓮蓉月餅」的說法，蓮香樓一八八九年才創立，發明蓮蓉月餅更晚，距今不過百年左右的時間。而上海著名的鮮肉月餅，很有可能是一九七〇年代之後才有。至於冰皮月餅，更是香港企業在一九八〇年代末才發明（按：為大班麵包西餅有限公司於一九八九年推出），距今不過三十多年。

3 一千五百年前，就有吃蟹專家

蟹有不少別名。例如螃蟹，「螃」最早就是「旁」字，因為牠側著走；一名「郭索」，這是源於牠爬行的聲音。

牠又名「介士」，這是因為古人覺得蟹骨頭長在身體外面，就像穿著甲冑的武士；又號「無腸」，因為古人覺得牠「內空」（但其實螃蟹有腸子）。

《廣雅》（按：中國古代百科詞典，三國時代曹魏人張揖編寫。為現今研究古代詞彙的重要資料）說公螃蟹叫螂蟻，母螃蟹叫轉帶。

梁實秋在《雅舍談吃》裡談蟹：「蟹是美味，人人喜愛，無間南北，不分雅俗。」秋風起，蟹肥膏滿，來聊一聊中國人吃螃蟹的文化歷史。

先秦兩漢：見過的人多，吃過的人少

中國人很早就見過螃蟹這種動物。《荀子．勸學》中說：「蟹六跪而二螯，非蛇鱔之穴無可寄託者，用心躁也。」教育我們做人不能浮躁。不過，我們見到的螃蟹都是八隻腿，《荀子》裡卻說是「六跪」，為什麼呢？答案是：抄錯了。

古代還真有人因為這篇〈勸學〉而吃了虧。《世說新語》裡記載東晉名臣蔡謨，到了江南看到一隻蟛蜞（按：為一種淡水小型蟹類），大為驚喜，說這不就是傳說中的螃蟹嗎？馬上請人料理，吃完上吐下瀉。名士謝尚聽了這事就嘲諷他：「卿讀《爾雅》不熟，幾為〈勸學〉死。」這句話的意思是：你不好好讀讀詞典《爾雅》，搞清楚螃蟹長什麼樣子，只讀了〈勸學〉就到處亂吃，差點吃到死！

回到先秦兩漢。比《荀子》稍早的《莊子》，〈秋水〉篇中說：「蟹與科斗，莫吾能若也（螃蟹與蝌蚪，都不能跟我相比）。」《國語》裡也有「稻蟹不遺種」的文字，可見春秋戰國時期，螃蟹已經是個常見的物種了。

不過，正如魯迅的名言：「第一次吃螃蟹的人是很令人佩服的，不是勇士誰敢去吃牠呢？」有些人說，中國人吃螃蟹始於周朝，更有甚者，言之鑿鑿，說周朝螃蟹已經是御膳。但事實上，先秦及兩漢的文獻中，關於吃蟹的記載非常少。

在《周禮．天官塚宰第一》中，說「庖人」這個官職需要負責「祭祀之好羞（饈）」，用來祭祀的好饈有什麼呢？東漢鄭玄的注裡說有「青州之蟹胥」，這種產自山東的蟹醬用於祭祀，但有沒有人吃就不得而知了。《汲家周書》裡說，周成王時，海陽獻蟹，但成王究竟有沒有吃，史無明文。

至於秦、漢兩代，則幾乎沒有關於吃螃蟹的記載。總括來說，**整個先秦兩漢，看過螃蟹的人多，動口吃螃蟹的人很少。**

魏晉南北朝：有酒有蟹過一生

魏晉南北朝真是一個浪漫的時代，這時人們突然就開竅了，吃螃蟹的記載層出不窮。最有名的莫過於《晉書．畢卓傳》中記載，晉朝名士畢卓一生的願望就是：「得酒滿數百斛船，四時甘味置兩頭，右手持酒杯，左手持蟹螯，拍浮酒船中，便足了一生矣。」一隻手端著酒杯，一隻手拿著蟹螯，人生之樂，莫過於此，這是多麼瀟灑的人生。後來，宋代蘇軾的詩句「萬斛船中著美酒，與君一生長拍浮」，用的正是這個典故。

吃螃蟹的風氣大概始於南方，因此，魏晉時的北方人甚至覺得吃蟹是南方人的特徵。《洛陽伽藍記》中記載，北魏楊元慎奚落南梁陳慶之：「吳人之鬼，住居建康。小作冠帽，短製衣裳。自呼阿儂，語則阿傍。菰稗（按：菰為茭白筍之古稱；稗為稗草，果實可煮粥或磨粉食用）為飯，茗飲作漿。呷啜蓴（按：江南特有的水草）羹，唼嗍（音同「妾朔」）蟹黃。手把豆蔻，口嚼檳榔。乍至中土，思憶本鄉。急手速去，還爾丹陽。」這裡提到的「唼嗍蟹黃」，真是說出了吃螃蟹的精髓。嗍，就是用唇舌吮吸。

當時螃蟹有許多料理方式，北魏農學家賈思勰的《齊民要術》中，大談特談蟹的吃法，有蒸、炸、麵拖（按：在食材外包裹麵糊）、酒醉等各種做法，還有用糖和鹽醃製的「藏蟹法」，其實就是後代的糖蟹。**賈思勰還特別提到，吃螃蟹要沾生薑末和醋，而在一千五百多年後的今天，我們吃螃**

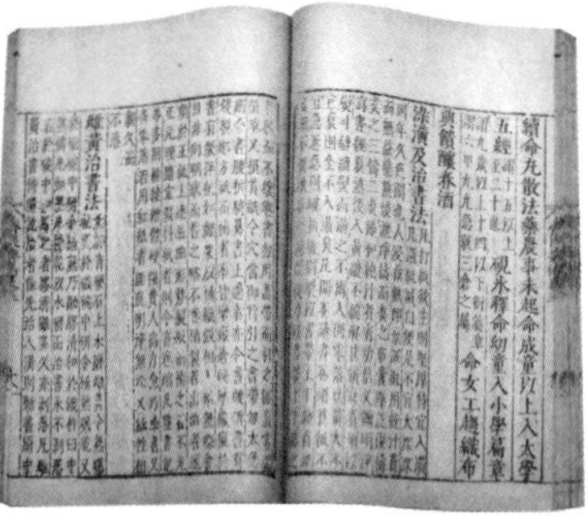

▲ 北魏賈思勰《齊民要術》書影。

蟹依然還是用相同的佐料。

糖蟹是當時很受歡迎的吃法，《南史》記載佛教徒何胤早年侈於美味，每天都吃白魚、鱔脯、糖蟹。隋煬帝也很喜歡糖蟹，《清異錄》記載：「煬帝幸江都，吳中貢糟蟹、糖蟹。每進御，則上旋潔拭殼面，以金鏤龍鳳花雲貼其上。」意思是說，隋煬帝到揚州時，吳人進貢糟蟹、糖蟹，隋煬帝會親自擦拭螃蟹的背殼，還要貼上黃金絲製成的龍鳳花雲，足見他對這美食的酷愛。

唐代：蟹黃包來了

唐、宋時期是中國美食史上的高峰，螃蟹的吃法也翻出無數花樣。糖蟹依舊是受歡迎的做法，在隋煬帝之後，唐代皇帝也很喜歡這種美食，《新唐書．地理志》中提到滄州景城郡的貢物，其中就有糖蟹。段成式在《酉陽雜俎》中，提到平原郡的貢品糖蟹，是透過快遞直送長安。而唐代段公路《北戶錄》中，有一篇「糖蟹法」，介紹糖蟹的詳細做法，和《齊民要術》中的「藏蟹法」大致相同。

此外，**唐代已經有蟹黃包**。當時劉恂《嶺表錄異》中介紹蟹黃，說「蟹殼內有膏如黃酥，加以五味，和殼煿（按：音同「博」，烘烤）之。食亦有味。赤蟹殼內黃赤膏如雞鴨子黃，肉白，以和膏，實其殼中，淋以五味，蒙以細麵，為蟹飥，珍美可尚。」這段文字共提到兩種做法，一種是連殼帶蟹黃一起，加上調味料煎炒，另一種則是把蟹黃、蟹肉加上調味料，用麵粉做成「蟹飥」。這裡所說的蟹飥已經非常像蟹黃包。而長安還有人銷售蟹黃饆饠，饆饠也叫畢羅，是一種有餡、蒸製的麵食，完全就是蟹黃包的樣子。

唐代有非常精細的吃蟹法。唐中宗景龍年間，韋巨源官拜尚書令，在家請唐中宗吃飯，當時的菜單有部分保留了下來，菜餚共五十八種，其中有個菜叫「金銀夾花平截」，看名字不知道是什麼，但它的做法是「蟹肉剔細，包入捲筒」。

宋代：專人養殖螃蟹，還出了兩本螃蟹專著

用一個詞來形容宋代的吃蟹，就是「專業」。**五代開始，就有政府安排專門養殖螃蟹的「蟹戶」**，螃蟹產業成形。最能表現其專業性的，是當時**出現兩本螃蟹專著**，北宋傅肱的《蟹譜》和南宋高似孫的《蟹略》。

▲〈荷蟹圖〉（宋人繪），現藏於北京故宮博物院。

傅肱是北宋浙江紹興人，《蟹譜》共兩卷，上卷記錄螃蟹的各種典故四十二條，下卷則記載他所知和螃蟹相關趣事共二十四條，書寫得非常「雅馴有趣」。高似孫是浙江寧波人，《蟹略》有四卷，卷一有螃蟹傳記、螃蟹起源和螃蟹考察，卷二詳細品鑑各地和各時節的螃蟹，卷三介紹螃蟹相關的美食，卷四則介紹螃蟹相關的文藝作品、詩詞歌賦等。

《蟹略》中記載當時常見的「蟹饌」，就有十三種：洗手蟹、酒蟹、蟹蝑[2]、鹽蟹、蟹饍、蟹羹、糟蟹、糖蟹、蟹齏、蟹黃、蟹饆饠、蟹包、蟹飯。而在《東京夢華錄》中，還提到煠（同「炸」）蟹、爍蟹等做法。其中最經典的，當屬洗手蟹，宋代很多文獻中都有記載。

所謂洗手蟹，就是活蟹洗淨、剖開後加入調味料，只要洗個手的工夫，立即可食。祝穆《事文類聚．介蟲．蟹》：「北人以蟹生析之，調以鹽梅[3]、芼（摘取）橙椒[4]，盥手畢即可食，目為洗手蟹。」

宋代另一種經典美食叫「螃蟹釀橙」。南宋《夢粱錄》卷十六記載：「取黃熟帶頂大柳丁，截頂去瓤，留少許汁液，將蟹肉、蟹黃、蟹油釀入橙盅，裝入小甑，以酒、水、醋蒸熟，用鹽拌而食之。」就是把大柳丁切去頂部、挖掉果肉，只保留一點汁液，把蟹肉、蟹黃、蟹油放進柳丁裡，最後再用酒、水、醋調和成的醬汁蒸熟，出爐後撒點鹽就可以吃了。南宋詩人劉克莊有詩云：「葉浮嫩綠酒初熟，橙切香黃蟹正肥。」說的可能就是這道蟹釀橙。

當時北方能吃螃蟹的大概都是富貴人家，平民則有許多人從沒有見過螃蟹。北宋沈括所著《夢溪筆談》裡，就記載了一件趣事：當時，很多陝西人從沒見過螃蟹，有個家境比較好的人弄到一隻，但直到螃蟹乾掉都不敢吃，最後掛在牆上當裝飾品。而鄰居們見到了，嚇得掉頭就跑，以為是妖怪。

後來見得多了，慢慢就不怕了，但他們又覺得這東西可以辟邪。於是，只要誰家裡出了什麼怪事，就把這隻乾螃蟹借去掛在門口，居然有效。原來，不僅人沒見過這東西，連鬼也沒有見過！

2 也作「蟹胥」，一種螃蟹醬。
3 鹽和梅子。鹽味鹹、梅味酸，均為調味所需。
4 橙皮與椒類混合製成的調味佐料。

清蒸，明清人的吃螃蟹之道

明、清時代，螃蟹的吃法返璞歸真，用的是我們現今非常熟悉的清蒸。當時記載中的各種「蟹會」（螃蟹宴），吃法都和現代類似。

例如明代劉若愚《明宮史》中，記載宮廷內一次蟹會：「（八月）始造新酒，蟹始肥。凡官眷內臣吃蟹，活洗淨，用蒲包蒸熟，五六成群，攢坐共

食，嬉嬉笑笑。自揭臍蓋，細細用指甲挑剔，沾醋蒜以佐酒。或剔蟹胸骨，八路完整如蝴蝶式者，以示巧焉。食畢，飲蘇葉湯，用蘇葉等件洗手，為盛會也。」這裡的螃蟹吃法是：把螃蟹洗乾淨、蒸熟後，五、六個人圍在一起，一邊嬉笑，一邊吃蟹，沾醋蒜，再配上酒。有些人手比較巧，吃完螃蟹肉之後，螃蟹殼還保持完整，他們就把這些殼拼成蝴蝶的樣子。

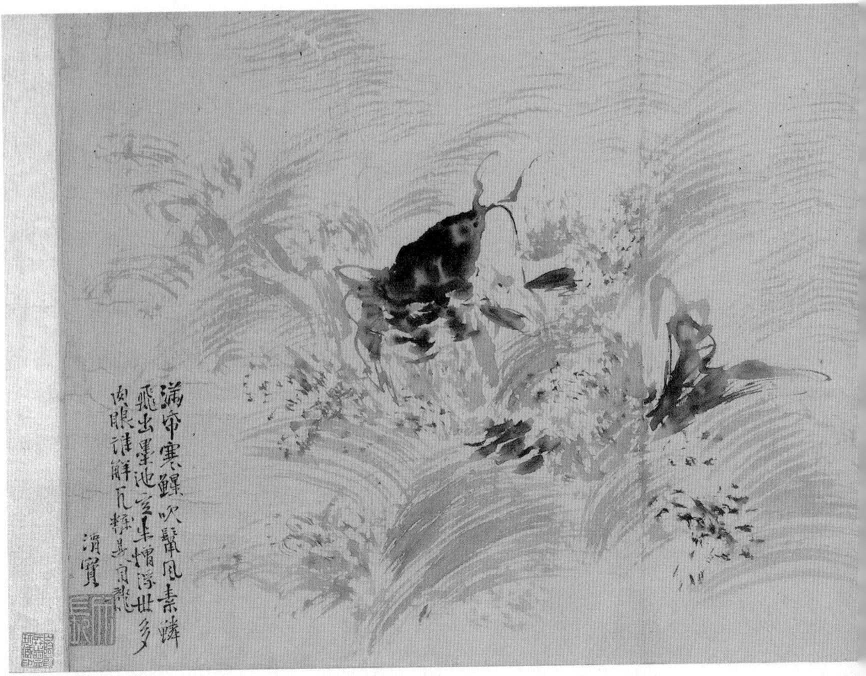

▲〈魚蟹圖〉（明代，徐渭繪）。

晚明時期的張岱在《陶庵夢憶》中，也記載他們當年的蟹會：「煮蟹食之，人六隻，恐冷腥，迭番煮之。」除了螃蟹以外，還要配上各種美味佳餚：「從以肥臘鴨、牛乳酪、醉蚶如琥珀，以鴨汁煮白菜，如玉版；果瓜以謝橘、以風栗、以風菱，飲以『玉壺冰』，蔬以兵坑筍，飯以新餘杭白，漱以蘭雪茶。」

在《紅樓夢》第三十七回，寶釵提議設螃蟹宴：「這個我已經有個主意了。我們當鋪裡有個夥計，他們地裡出的好螃蟹，前兒送了幾個來。現在這裡的人，從老太太起，連上屋裡的人，有多一半都是愛吃螃蟹的。前日姨娘還說要請老太太在園裡賞桂花吃螃蟹。」於是就有了第三十八回「林瀟湘魁奪菊花詩，薛蘅蕪諷和螃蟹詠」中，對這一大家子吃螃蟹的詳細描繪，而這裡的吃法也都是清蒸。每次讀到這一回，都讓人不由得垂涎三尺。

在明代以前，吃螃蟹都是用手。明、清時期，蘇州地區發明了著名的「蟹八件」，錘、鐓、鉗、鏟、匙、叉、刮、針八種工具，有墊、敲、劈、叉、剪、夾、剔、盛等多種功能，吃螃蟹變得優雅起來。據說**在晚清時期，「蟹八件」還是蘇州姑娘們出嫁必備的嫁妝。**

愛蟹成痴，買蟹錢就是買命錢

中國古代愛吃螃蟹的名人太多了，如宋代文豪蘇東坡，他在〈老饕賦〉中描述了自己最喜歡吃的幾種美食：「嘗項上之一臠，嚼霜前之兩螯。爛櫻珠之煎蜜，滃杏酪之蒸羔。蛤半熟以含酒，蟹微生而帶糟。蓋聚物之天美，以養吾之老饕。」「霜前之兩螯」指的是秋後螃蟹成熟時那兩隻蟹螯，而「蟹微生而帶糟」自然是指醉蟹。再例如南宋詩人陸游吃糟蟹，寫詩感慨：「蟹肥暫擘饞涎墮，酒綠初傾老眼明。」但要論愛蟹第一人，還當屬被後人推為「蟹仙」的李漁。

李漁是明末清初文學家、戲劇家，素有才子之譽，是一個天才型的學者和藝術家，浙江金華人，後來在南京生活二十六年，又移居浙江杭州。他對螃蟹堪稱痴迷，自稱「終生一日皆不能忘之」，家人稱他是「以蟹為命」。螃蟹價格貴，他吃的又多，囊中往往因之羞澀。於是，**每年還不到螃蟹上市的時節，李漁就開始存錢，準備用來買螃蟹，這筆錢他稱作「買命錢」，他對螃蟹的痴迷可見一斑。**

李漁不僅愛吃螃蟹，更懂吃，吃出了螃蟹的哲學。首先，他認為最美味的螃蟹，就是簡單清蒸，「蒸而熟之，才能不失真味」，並且昇華為一種哲學高度，提出「世間好味，利在孤行」，世間的美味，其實以簡樸為上。這和宋人「人間至味是清歡」是一樣的道理。所以，他在《閒情偶寄》裡寫道：「凡食蟹者，只合全其故體，蒸而熟之，貯以冰盤，列之幾上，聽客自取而食。」

李漁為了吃螃蟹，還在家養了一個丫鬟幫忙做蟹、剝蟹，取名就叫「蟹奴」。他甚至還有專門用來做醉蟹的一整套器材：蟹糟、蟹酒、蟹甕等，這位愛蟹如命的大才子，真正堪稱中國蟹仙。

4　想知道一個人多有錢？看他家廁所

「天下英雄豪傑，到此俯首稱臣」，說的正是廁所。雖然大多數人都不太願意談論，但毫無疑問，廁所是美好生活必不可少的重要空間。在中國古代，廁所空間經歷了怎樣的變遷，以下簡單聊一聊。

中國最衰皇帝，淹死在廁所

遠古時期的廁所形態，已經很難考察，但就現有文獻推測，他們的生活區域很可能沒有單獨的廁所。需要的時候就找個空地，或乾脆在豬圈裡解決。所以，古代的豬圈和廁所，其實是同一個字——「圂」（音同「混」）。而當時的人們選擇豬圈的原因，自然是為了積攢糞肥。

春秋、戰國時期，貴族們開始使用獨立廁所。這種廁所其實就是在路邊挖一個坑，名字叫「井匽」。《周禮．天官．宮人》中提到宮人的職責之一，就是「為其井匽，除去不蠲（即不潔），去其惡臭」，鄭玄的注釋說：「匽，路廁也。」根據《說文解字》和《廣韻》，「匽」本意有隱匿的意思，因為廁所修建在比較隱蔽的地方，也用這個字。之所以叫井匽，是因為這個廁所就是個像井一樣形狀的坑。

說起春秋戰國時期的廁所，就不能不提史上死得最沒有尊嚴的皇帝晉景公。這位生活在兩千六百年前的晉國國君（西元前五九九年—前五八一年在位），晚年重病，老是做惡夢，就找了個巫師來解夢，巫師坦誠相告：「大王，新上市的麥子，您老人家是吃不到了。」擺明著說晉景公活不到麥子收割的時候。

轉眼間，到了麥子收穫的時節，僕從們獻上用新麥做

灰陶豬圈

陶豬圈

陶豬圈

▲ 陶製古代豬圈。

好的飯。晉景公想起當年那個解夢的可惡巫師，就叫左右侍衛把他抓來，要讓他親眼看到自己吃到新麥，接著再殺掉他，一解心中怨氣。

但是，晉景公正準備吃飯時，忽然覺得肚子有點脹，得先上個廁所。這一上不得了，上出了世界廁所史上最濃墨重彩的一筆——一國之君，竟然掉到糞坑裡淹死了。那個巫師得意洋洋：我早就說你吃不到新麥，果然沒吃到吧！

要避免晉景公遇到的這種危險，坐便器無疑是最好的解決方案。中國曾出土過西元前二三〇〇年左右的漆木坐便器雛形，不過，這種坐便器是放置在坑廁上使用。

▲西漢帶圈陶屋，結構分為上下兩層：上層呈曲尺（木匠用來求直角的尺，縱長橫短，中間夾一直角）形，下層豬圈圍長方形。現藏於廣西壯族自治區博物館。

漢代，上廁所終於不用跑到室外

在中國廁所史上，漢代是非常重要的朝代。首先，這個時期的貴族們，開始有了室內廁所。這種廁所一般是設置在主臥室的側室，有時甚至就在床的側面，「廁」字和「側」字長得很像的原因就在這裡。

《漢書．汲黯傳》：「衛青侍中，上常踞廁視之。」應劭注：「床邊側也。」這是說漢武帝時名將衛青，去見漢武帝時，武帝經常蹲在廁所上看著他——這個畫面，讓人有些不忍直視。

漢武帝蹲著上廁所，不過當時也有人使用坐便設備，在坑上安置可以坐的架子。在考古挖掘的芒碭山梁孝王王后地宮等地，還能看到這種坐便廁所的遺跡。值得一提的是，這個遺跡的廁所甚至可以用水管沖走汙穢，以至於有人將它稱為「世界上最早的抽水馬桶」。

漢代的另一大舉措，則是開始廣泛使用「移動馬桶」，當時叫做「虎子」，也叫「伏虎」，大概是因為這個物件長得像伏在地上的老虎（如左頁圖）。傳說，虎子和西漢著名武將「飛將軍」李廣有關。成書於北宋的《文昌雜錄》記載：「李廣射虎，斷其髑髏以為枕。又鑄銅象形為溲器，謂之虎子。」這段話的意思是說，李廣射死老虎後，用老虎骨頭當枕頭，又模仿老虎的樣子，做了一個用於小便的設備，就稱作虎子。

不過，虎子其實並不是漢代發明的，《周禮．天官．玉府》中載：「掌王之燕衣服。衽席、床笫，凡褻器。」賈公彥疏：「云褻器，清器、虎子之屬。」賈公彥認為，《周禮》裡提到的褻器，就是後來虎子的原型，應該有其道理。

虎子在早期可稱得上是奢侈品，相傳為東晉葛洪所著《西京雜記》中記載：「漢朝以玉為虎子，以為便器。使侍中執之，行幸以從。」當時宮裡的虎子都是用玉製成，其餘人家則用銅、陶、瓷、木等材質。歷朝歷代，皇家的虎子都非常精美。

▲三國青瓷虎子。青瓷虎子為六朝墓中常見的隨葬品之一。

虎子早期主要是用來處理小便，到了後代還有尿盆。宋太祖趙匡胤征服後蜀，就把後蜀皇宮中的寶貝全都搬到自己家，其中有個裝飾著瑪瑙、翡翠的盆尤其精美，趙匡胤愛不釋手，把它擺在桌子上，甚至還想用它喝酒。直到有天，後蜀後主孟昶的寵妃花蕊夫人被他召見，一眼看見這寶盆被供在桌上，驚訝的說：「這是先王用過的尿盆啊！」

魏晉南北朝，貴族廁所比五星飯店還高級

到了六朝，已經出現了非常豪華的廁所，其中有些廁所的奢侈程度，甚至遠遠超過現今五星飯店。

《世說新語》裡記載的一則故事，讓我們得以窺見當時高級廁所的配置。話說，王敦（按：東晉丞相王導的堂兄）和晉武帝司馬炎的女兒成親，某日去公主府拜訪時上了廁所，看到廁所裡有個非常華美的漆器箱子，打開一看，全是散發著幽香的棗乾。他以為是食物，就吃得一乾二淨。

上完廁所踏出門，有美女捧著金澡盤、琉璃碗，裡面分別盛著水與澡豆（按：以豆粉混合藥料製成的洗潔劑），王敦以為是午飯，又二話不說把澡豆倒進水裡，

大吃一頓。

其實，廁所裡的棗乾，是用來塞鼻子；而美女送上來的水和澡豆，則是洗手用。後來，**「澡豆為飯」演變為成語**，形容一個人沒見過世面的樣子。

先不說王敦的窘態，單看這廁所的配置，洗個手都有專人服侍，還得用上金盤和琉璃碗，這是現在五星級飯店也沒有的享受啊！

另外再舉一例，西晉石崇是中國歷史上有名的奢侈之人，他家的廁所更是豪華。有個朋友去他家做客，順便上廁所，推開廁所門一看：「有絳紗大床，茵褥甚麗，兩婢持香囊侍立。」廁所裡是掛著絳紗的大床，上面鋪著華美的席子，兩個美貌婢女手持香囊站在兩旁。當時，客人以為他誤闖了主人臥室，但石崇微微一笑，跟他說：「沒錯，這就是我家的廁所！」

唐宋時期，「馬桶」登上歷史舞臺

馬桶的前身，就是前面提到的「虎子」。

唐太宗的皇叔叫李虎，可能小名就叫做虎子。大家每天把上廁所的東西稱作虎子，對他實在不夠恭敬，為了避諱，虎子就從此改成了「馬子」。而這個**長得像臥虎的馬子，用起來其實並不方便，慢慢演變成桶狀，這時「馬桶」一詞就登上了歷史舞臺，並延續至今。**

在宋代，幾乎家家戶戶都有馬桶。南宋吳自牧《夢粱錄．諸色雜買》中記載：「杭城戶口繁夥，街巷小民之家多無坑廁，只用馬桶。」在當時的首都杭州，很多普通百姓家裡都沒有坑廁，只能使用馬桶。

這是因為當時杭州人口太多，大部分人居住的地方非常狹小，沒有空間設置蹲坑式的廁所。當時的杭州，還有一種職業叫做「糞人」，也叫「傾腳頭」，每天到各家各戶去清馬桶。

從褻器到虎子，再到馬桶，到了宋代這時，這種移動廁所基本上定型了，一直用到民國，都是家家戶戶必備用品。宋代至清代的不少文學作品中，都有關於馬桶的描述。

但我們也可以想像，這種木馬桶使用上還是不夠方便，所以古代隨地大小便的情況非常常見。

據說，清代皇宮裡，經常有宮女、太監跑到牆角方便，以至於太和殿的偏僻角落經常傳出陣陣臭味。例如《紅樓夢》裡，進了大觀園的劉姥姥吃壞肚子，要了張紙就當場要脫褲子，嚇得大家趕快找了個婆子帶她去廁所。

抽水馬桶是英國人發明的。十九世紀後半葉，隨著排汙管道和自來水管道普及，抽水馬桶才開始在歐洲流行，而它在中國普及更是二十世紀以後的事情了。

木片、瓦片擦屁股，還能洗乾淨再利用

我們知道紙是漢代的發明，但在中國歷史上，有非常長一段時期，都沒有「衛生紙」這一類東西。

有學者認為，中國人上廁所用紙，是元代以後才開始。我們現在看文獻，確實是沒有找到兩漢至宋代這麼長的時期之中，有任何廁所用紙的記載。也就是說，不管是趙飛燕還是楊貴妃，不管是李白、杜甫，還是蘇軾、王安石，他們上廁

▲ 古人上廁所使用的廁籌，一般為木或竹製。

所都不用紙。

古人上完廁所都用什麼來擦呢？用「廁籌」。一般是竹片或木片，如果條件不好就只能用瓦片。廁籌說起來很環保，每次用完之後，洗滌乾淨，下次還可以再使用。有些富貴人家，還會用絲綢做成精美的套子，專門用來裝廁籌。而《北史》中，還記載性格扭曲的齊文宣帝，上廁所時叫宰相幫他拿廁籌。

關於廁籌，有個很有名的故事。宋代馬令的《南唐書》裡記載，南唐後主李煜和周皇后非常崇敬佛教，對僧人也非常呵護，以至於「親削僧徒廁簡，試之以頰，少有芒刺，則再加修治」。這段話是說，凡是僧人們上廁所要用的木片，李後主一定要親自在自己臉上試用，要是擦在臉上發現這木片上有些許木刺、不夠平滑，就要趕快再修整。

即使在紙張廣泛應用到如廁之後，廁籌也沒有消亡。元陶宗儀《輟耕錄》記載：「今寺觀削木為籌置溷中，名曰廁籌。」明代的《甲乙剩言》中記載：「嘗客安平，其俗如廁男女皆用瓦礫代紙，殊為嘔穢。」到了元、明時期，仍有地方用碎瓦片當作廁籌。

而在明代李時珍《本草綱目》中，廁籌居然還是一味藥材，可治難產。此外，根據其記載，要是小孩子受驚，兩眼盯著地板翻不上來，只要把廁籌浸泡在童子尿裡，再拿出烘乾製成末，抹在孩子頭上，這個症狀就會好了。

5

垃圾掩埋、回收，古人早就這麼做

在古代，垃圾處理制度出現非常早。田野考古常見的一種遺跡「灰坑」，指的就是古代人類將廢棄物品堆積在窖穴空間內，經過地層作用後，埋藏到地底後形成的現象。灰坑中的堆積物，往往包括在此生活的人們有意或無意留下的廢棄物。

灰坑形狀多樣，方形、圓形乃至不規則形都有。學者研究發現，有一部分灰坑是廢棄水井或窖穴，還有一部分灰坑就是古人專門用來處理垃圾的垃圾掩埋場。目前發現先秦時期的垃圾灰坑，有些距今已有四千多年。垃圾坑裡的垃圾，甚至有一部分是經過焚燒處理後才被

▲ 山東滕州西公橋遺址的灰坑。

填埋，可見當時已經有明確的垃圾處理意識和處理手段。

這種填埋方法，在世界各地文明之中也有發現。有西方考古學家，在希臘克里特島（Crete，位於地中海北部，為希臘第一大島）考古挖掘邁諾安文明（Minoan civilization）相關遺址後提出，大約五千年前，島上的人們就已經學會用填埋方法處理垃圾。當時的人會挖一個很大的坑，把垃圾層層疊疊傾倒之後鋪土掩埋。而埃及人則在兩千多年前，也採用了集中處理垃圾的方法，當時貴族會蒐集各家的垃圾，再一起傾倒進尼羅河（Nile）。

資源回收再利用，古人靠垃圾致富

從傳世文獻來看，商、周時期的人們，已經有意識的蒐集糞便這種特殊垃圾，作為田地施肥之用，類似的記載在後代史料中也非常常見。正因這種垃圾有特殊的施肥價值，唐代張鷟（音同「卓」）《朝野僉載》中，曾記載一位靠蒐集和倒賣糞便而家財萬貫的富翁。

這個人叫羅會，生活在唐代初年，專門蒐集長安城裡的人畜糞便，再出售給郊外種田的農民。雖然他的工作被人視為卑賤，街坊鄰居戲稱他為「除糞夫」，把他家蔑稱為「雞肆」，但他的住處其實非常豪華。

一位叫陸景陽的文人去他家參觀，發現各種裝飾都非常奢華，屏風之類的奢侈品也一應俱全，家眷們都穿綾羅綢緞。

羅會雖然家境優渥，但他並未因此放棄他的本行。陸景陽很詫異的問他：「你都這麼有錢了，怎麼還做這麼低賤的工作？」羅會則回答：「有錢雖然有錢，但要是不繼續賣糞便，也很快就會坐吃山空。」

古代的垃圾中，有害垃圾其實很少，大部分都屬於現今垃圾分類中的「可回收垃圾」。唐太宗時有個山西人裴明禮，是第一個被明文記載靠垃圾分類致富的人。

《太平廣記》裡說他致富的生意是「收人間所棄物，積而鬻之」，也就是蒐集人們扔掉的垃圾，累積一定數量之後，分門別類再售賣，居然因此賺得他人生中的第一桶金。

裴明禮賺了錢之後，繼續發揮創意。他在長安城金光門外，購置了一塊全是瓦礫而無人問津的土地。這塊地瓦礫很多，難以清理，於是他就在旁邊擺了個攤子，立了一根木桿，上頭綁著籮筐，宣稱只要有人能把瓦礫扔進籮筐裡，就能獲得禮物。人們覺得新奇，紛紛來玩這個有獎遊戲，居然很快就把這塊地上的瓦礫都清理完了。

後來，這塊地開始野草叢生，裴明禮又宣布免費開放這塊草地給大家放羊。很快的，許多牧羊者都來這裡放羊，大量羊糞成為這塊土地的肥料，他便在這裡種果樹、蔬菜和花卉，最後成為富豪。

亂丟垃圾，在古代會被斷手

大約在西元前五世紀，雅典人因為遭遇垃圾危機，開始建設城市垃圾場。他們提出西方最早的垃圾處理法案，創建西方第一個市政垃圾場所，要求公民將垃圾傾倒到距離市區較遠的垃圾場內，不得隨意亂丟。

而在中國，也很早就有禁止隨意

▲〈初平牧羊圖〉（宋人繪），為《宋元繪林清勝圖》冊中一開，繪製晉葛洪《神仙傳》黃初平牧羊的故事。

丟棄垃圾的規定，《韓非子》記載**商代**的規定：「殷之法，棄灰於道者斷其手。」這裡的「灰」，就是指垃圾，這條規定是說**如果百姓隨手把垃圾扔在官道上，就會遭受斬手的刑罰**。

唐代的法律中，則有更清晰的規範，據《唐律疏議》記載，**在街道上亂丟垃圾者，會被處以六十大板。不僅如此，縱容市民亂扔垃圾的官吏也會被處罰**。

最早的環境衛生工作者，很多人認為出自古羅馬，大概在西元二〇〇年（約是中國東漢末年），古羅馬建立了第一個有紀錄的環境衛生部門，並聘請人員在街道上清理垃圾，把垃圾蒐集到馬車上帶走處理。但實際上，專業的環境衛生工作者，可能在古印度就已經有了。

佛教中，有個「佛度除糞人」的故事。《經律異相》（按：成書於南朝梁武帝時期，為現存最早的大型佛教類書）中記載，舍衛城中有一旃陀羅人，專門替人除糞。有一天，佛陀看見了，就呼喚這位除糞人。

除糞人對佛陀說：「我一身臭穢不淨，不敢親近世尊。」佛說：「如果你願意做我的弟子，你就來吧。」

除糞人見佛這麼慈悲，對他毫無歧視，便滿心歡喜，放下糞擔，來到佛面前。

佛牽著他的手，到恆河水邊讓他沐浴換衣，並親自為他剃度。

這位新學比丘感佛深恩，勤苦精進，努力辦道，未經旬日，便證得阿羅漢果（按：即為得道之人）。

從這個故事來看，佛陀時代就有這種以清理糞便為職業的人了。

而在中國，至少在南宋就有「糞人」這個職業。根據南宋《夢粱錄》記載，當時的首都臨安（今浙江杭州）街巷小戶人家，多半沒有坑廁，只用馬桶，每天有除糞人來收，這行人一般叫做「傾腳頭」，各有主顧，不能爭奪。

到了明代，這種制度更加成熟，據說明朝末年曾到南京的葡萄牙天主教傳教士曾德昭（P.Alvaro de Semedo），在他的《大中國志》一書中記載，當時城鄉已經形成了完備的垃圾回收產業鏈：有專人在城市蒐集能當作肥料的糞便，運送到鄉村出售；各種城市裡的垃圾，也都有專人回收。甚至路上有人隨意扔一塊破布，也會迅速被相關人員撿拾、回收。

度除糞人

經律異相云舍衛城中有一旃陀羅兒除糞自活世尊遥見即呼喚之其人報曰吾擔糞不淨不敢親近佛言欲度汝手執其人至恒水側沐浴身體復至祇洹勅諸比丘度為沙門其人勸勵精進勤苦日新未經旬日便得阿羅漢果六通清徹涌沒自在諸大方石當中央坐補納故衣王聞佛度旃陀羅兒念佛釋種豪族姓家左右弟子皆出四姓來入宮室受供信施云何禮敬吾今當往責數如來見前比丘諸天禮覲比丘見王即沒石中還從石出王詣佛所問言向者比丘名字何等有此神力佛言此是除糞人爾時世尊以此因緣便說譬喻猶如污泥中生香潔蓮花云何大王有目之士取此花否王言世尊花極香潔當取莊飾穢污當觀母胎胎中產生功德之花時王白佛彼人快得善利不可思議自今已後請此比丘供養四事無所乏少

▲《釋氏源流應化事蹟》一書中，〈度除糞人〉書頁與版畫。

6 唐代真的以胖為美？可能是錯讀文獻

中國的漢字，有很多是女字旁，其中不少是用來形容女性細緻的美。例如「媥」（音同「翩」），形容女性輕盈之美；「婕」，形容女性綽約之美；「嫻」字形容女性雅靜之美；「姸」字形容女子聰慧之美；「媚」字形容嬌豔之美；「姹」字形容豔麗之美等。

除了這些關乎情態的字，還有不少字是直接形容女性身體部位的美感。像是「婳」（音同「洞」）形容脖子長而直；「媌」（音同「苗」）形容眉毛好看；「嬻」（音同「讚」）形容皮膚白皙；「嫣」形容身材高大美麗，也形容笑容美好的樣子。

正所謂「窈窕淑女，君子好逑」，自古以來，中國文化從不吝惜對女性美的讚譽。但是，在不同的歷史時期，人們對女性美的認知，卻有各種不同的態度。

古典美人的經典形象，在《詩經》

遠古神話中的女性，長相往往千奇百怪。這些真正的女神們，除了人的形象之外，身上還帶有一些動物的特徵。

例如傳說中人類的始祖女媧，東漢王逸注《楚辭．天問》，就說她是「人頭蛇身」。東晉郭璞注《山海經》，也說她「古神女而帝者，人面蛇身，一日中七十變」。

而西王母（按：中國神話中的女神，同時也出現在道教信仰之中）的形象更加驚人，《山海經》裡記載她是「其狀如人，豹尾虎齒，善嘯，蓬髮戴勝（按：戴著玉製的髮飾）」。

到了《詩經》的年代（西周至春秋中

▲ 西王母頭上戴勝，肩生雙翼，兩旁有羽人（羽化成仙之人）相伴。漢代壁畫，出土於山東嘉祥宋山。

葉），女性的美從神話走向人間，充滿著勃勃生機。

《衛風．碩人》極細緻的描述了女性的身體美，是中國古代文學中最早刻畫女性容貌美、情態美的文學作品：「手如柔荑，膚如凝脂，領如蝤蠐，齒如瓠犀，螓首蛾眉，巧笑倩兮，美目妙兮。」

如果以現代的文字來解釋這首詩，就是「手像春荑好柔嫩，膚如凝脂多白潤，頸似蝤蠐真優美，齒若瓠子最齊整。額角豐滿眉細長，嫣然一笑動人心，秋波一轉攝人魂」。

尤其是詩中**「巧笑倩兮，美目盼兮」兩句，對女性之美的精彩刻畫，永恆的定格了古典美人的曼妙姿容。不僅寫出美人之形，更寫活了美人之魂，**因此清代學者姚際恆評論：「千古頌美人者，無出其右，是為絕唱。」

除了〈碩人〉之外，《詩經》中還有各形各色的女子形象。

但捧讀這些詩歌，會發現這些敢愛敢恨的女性們，都美得健康樸素，絲毫沒有後代漸漸興起的病態審美觀。

評價標準：婦德、婦言、婦容、婦功

經常有人以先秦時期「楚王好細腰」的典故，證明人們對女性「骨感身材」的追捧古已有之，但事實上，這是誤讀典故。

這則記錄在《墨子》中的故事，原文如下：「昔者楚靈王好士細腰，故靈王之臣，皆以一飯為節，脅息然後帶，扶牆然後起。比期年，朝有黧黑之色。」楚靈王希望他的大臣們腰越細越好，所以這些男人們，每天只吃一頓飯，穿衣服時需要先屏住呼吸，拿腰帶緊緊紮著自己的腰，再扶著牆站起來。就這樣到了第二年，滿朝文武百官都是臉色黑黃，慘不忍睹。

這則故事裡，楚王是希望男人們有細腰，和女性其實沒什麼關係。至於他有沒有在後宮也推行「細腰運動」，史無明文，實在不好胡亂揣測。

不過，針對女性審美的真正變革，大約就在秦漢時期，尤其是在漢代中後期。隨著儒家思想逐漸占上風，成為統治思想，女性審美觀點也有了道德化的標準。

西漢劉向的《列女傳》（按：也有部分學者認為並非劉向所作，而是託名），堪稱中國第一部婦女史。這部作品共分為母儀、賢明、仁智、貞順、節義、辯通和孽嬖[6]七卷。從《列女傳》後，古人越來越重視從這幾個方面來要求和評價女性，強調女性的內在美。

而東漢著名的女學者、歷史學家班昭，甚至寫了一篇專門教導自家女性做人道理的家書《女誡》，共七章，強調女性的種種德行。

其中〈婦行〉一章中，她提出「女有四行：一曰婦

5 指富於辯才而又學問深廣。

6 指寵妾。嬖音同「必」。

▲ 班昭像（清人繪）。

德，二曰婦言，三曰婦容，四曰婦功」，從這個排序就能看出，**比起長相（容），「德」和「言」明顯是更重要的評價指標。**

唐代真的「以胖為美」嗎？

唐代女性以胖為美，似乎已經是眾所周知的事實，唐代周昉的〈簪花仕女圖〉中，體態豐滿的貴婦人圖像，也印證了當時對「豐腴」的審美認同。打開報紙雜誌，不少介紹唐代以胖為美的文章，從各個角度分析唐代喜胖的審美，認為這正是盛唐氣象的體現。

但是，**若追溯唐、宋文獻，就會發現一個奇怪的現象：在所有文獻中，看不到類似「以胖為美」的記載。**

宋代董逌（音同「攸」）《廣川畫跋》論及周昉的畫，說畫裡人物「肥勝於骨」，便知**唐人「所尚以豐肥為美」**，這句話往往被認為是唐人以胖為美最直接的證據，但**文獻學家在校注此書時，已經發現「肥」字其實是「肌」字之誤，不能作為以胖為美的證據**。

眾所周知的成語「環肥燕瘦」，其中「環肥」指的就是被視為胖美人代表的楊貴妃，《舊唐書》說她「資質豐豔」，《新唐書》則說「資質天挺」，《通鑑紀事本末》說「肌態豐豔」，這些形容都不能說她胖。

「豐」字在古漢語裡，是「容貌姿態美好」的意思，並不能望文生義理解為「豐滿」。漢代司馬相如的〈美人賦〉，說美人是「皓體呈露，弱骨豐肌」（露出雪白的身體，顯現出苗條的骨骼、豐滿的肌肉），顯然不是豐滿、肥美之意。

而在與楊貴妃同時代的唐人詩歌裡，杜甫〈麗人行〉說貴妃的姐妹們：「態濃意遠淑且真，肌理細膩骨肉勻。」白居易〈長恨歌〉說：「回眸一笑百媚生，六宮粉黛無顏色。春寒賜浴華清池，溫泉水滑洗凝脂。」其實也看不出多胖的痕跡。

關於唐人喜歡胖的文獻並不多見，但關於他們喜歡苗條女性的詩歌，倒是比比皆是。

例如白居易的名句：「櫻桃樊素口，楊柳小蠻腰。」小蠻腰已經成為年輕女子纖細靈活腰肢的代名詞。而杜牧名句：「落魄江湖載酒行，楚腰纖細掌中輕。」寫的是代表大眾審美觀的青樓女子，其實都是楚腰纖細。

類似的詩歌數以百計，就不再一一羅列了。近年來，學者從考古角度，分析具代表性的唐代紀年墓出土的女俑，以及壁畫中的女性形象體態特徵，也發現「以胖為美」是片面誤會。應該說，**即使在唐代，「以胖為美」也絕不是當時審美的主流標準。**

三寸金蓮的病態審美，只為滿足男性

五代至北宋時期，中國逐漸出現纏足之風。讓女子走路扭扭擺擺，顯得弱不禁風、楚楚可憐，膨脹男性詭異的自信心，這實際上當然是一種病態美。

纏足風氣可能起源於宮廷，

元代陶宗儀的《南村輟耕錄》裡，記載南唐後主李煜的妃嬪窅（音同「窈」）娘，用帛繞腳，腳呈新月狀，能夠在金色蓮臺中翩翩起舞。

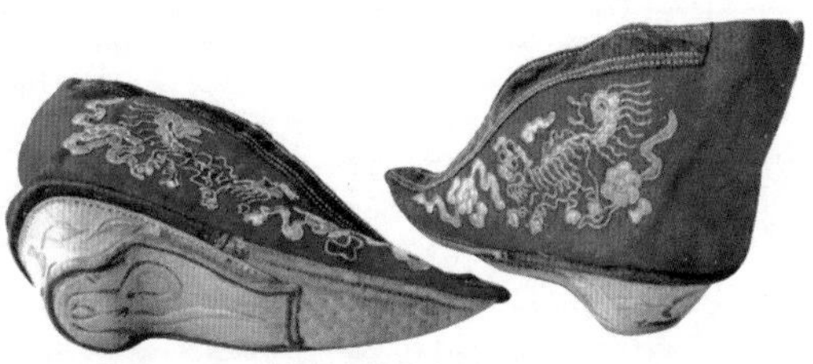

▲ 古代女子纏足後所穿的小鞋。

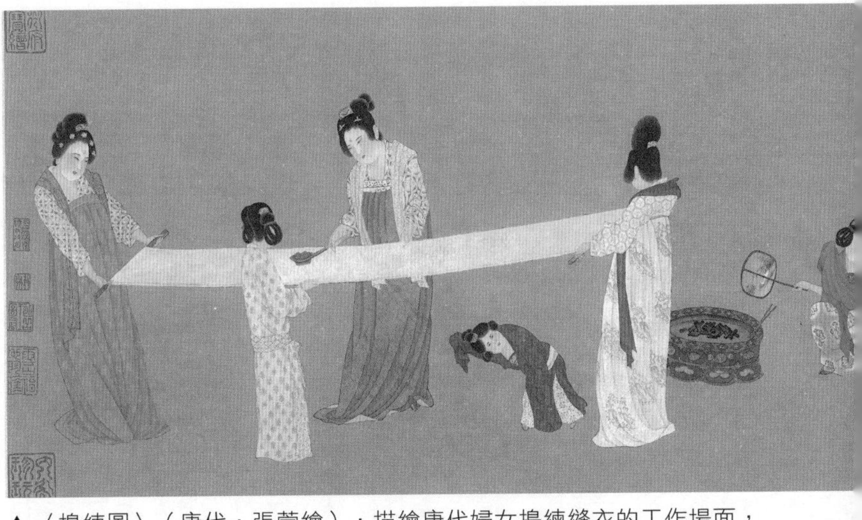

▲〈搗練圖〉（唐代，張萱繪），描繪唐代婦女搗練縫衣的工作場面，呈現當時女性身材樣態。現藏於美國波士頓美術館（Museum of Fine Arts, Boston）。

這個故事的真實性還有待探究，但毫無疑問，北宋神宗以後的皇宮裡，纏足已經出現，並很快風靡在士大夫族群中。

蘇東坡〈菩薩蠻・詠足〉：「塗香莫惜蓮承步。長愁羅襪凌波去。只見舞迴風，都無行處蹤。偷穿宮樣穩。並立雙趺困。纖妙說應難，須從掌上看。」這闋詞被認為是最早描寫纏足的詞作。

關於纏足，宋代羅大經的《鶴林玉露》中，還曾記載了一個令人啼笑皆非的故事：靖康之變後，金人南侵，宋高宗在南逃的路上，有一位公主來投奔，大家都懷疑她是假的，因為這位公主居然是大腳！後來，她解釋是在逃難路上步行萬里，才使腳恢復故態。宋高宗聽了這個解釋，為之惻然許久。

學者們一般認為，纏足這一惡習真正盛行是在元代之後，尤其是明、清時期。**纏足，也就是對女性的禁錮，成為病態男權的一部分**。元代伊世珍的小說《琅嬛記》說：「吾聞聖人立女而使之不輕舉也，是以裹其足，故所居不過閨閣之內，欲出則有幃車之載，是以無事於足也。」

明代曾出現一部教育女性的教材《女兒經》，到了清代，哲學家賀瑞麟在《改良女兒經》中寫道：「為甚事，裹了足？不因好看如弓曲；恐她輕走出房門，千纏萬裹來拘束。」可見纏足的目的，是為了禁錮女性。

不僅如此，這種病態審美還伴隨病態的性癖好。自宋代開始，許多妓院的宴會中流行一種遊戲，狎妓的嫖客把酒杯放入妓女的小鞋裡傳遞、斟酒、飲酒。這種遊戲甚至一直延續到民國時期，仍有眾多愛好者，其中不乏青史留名的大人物。

不同的歷史時期，對於女性身體審美往往有不同標準，例如民國時期興起的旗袍，就強調女性身材的曲線美。而現在，我們應該尊重女性的身材自由。

7 褲子，本來是胡服，中國古代不穿褲

每到秋深，天氣轉涼，人們就會突然想起衣服的原始功能——保暖。穿在褲子內層、保暖用的「衛生褲」（long johns），其實是舶來品，出現在我們生活中不過是一百年前的事情。

那麼，在沒有暖氣的時代，沒有衛生褲可以穿的古人，是靠什麼創意的保暖方式、穿什麼樣的保暖衣物，挨過一個又一個寒冬呢？

衣服不只避寒暑，還能辨別地位

在中國，隨著文明演進，衣服有著漫長的發展史。最早的時候，人們在身體上塗抹圖畫，用動物皮毛覆蓋身體，後來則學會縫製毛皮，穿上更能保暖，這大概是

距今一萬八千年前的事。

接著，大約在六千年前，人們發明了紡織物，學會縫製絲布衣服。在古老的記載和傳說中，一般認為先民是在黃帝時代發明「衣裳」，上半身穿的叫「衣」，下半身穿的叫「裳」。《釋名・釋衣服》記載：「凡服上曰衣。衣，依也，人所依以避寒暑也。下曰裳。裳，障也，所以自障蔽也。」也就是認為，衣是「依靠」的「依」，人們靠它避寒暑，因而才有「衣」這個名字。而從出土的彩陶圖案來看，當時的上衣大都是交領右衽，下裳則類似圍裙。一直到西周，才出現上衣下裳相連的「深衣」。

在中國，衣服很早就有避寒和遮蔽之

▲〈紡車圖〉（北宋，王居正繪），描繪農村婦女的紡織勞動。現藏於北京故宮博物院。

外的功能。早在夏、商時期，它就已經是「昭名分、辨等威」的重要工具。在不同的場合，不同等級的人要穿不同的衣服，衣服就承擔起管理和政治職能了。

古人並不穿褲，冷了穿「脛衣」

前面提到，早期中原地區的古人，無論男女，下半身都穿類似裙子的「裳」，並不穿褲子。但是，裳顯然並非保暖的最佳選擇，所以先秦時期，古人會在裳的裡面再穿一件稱作是「脛衣」的衣服。

脛是小腿，所以「脛衣」只負責小腿，大腿以上就沒有了，你可以想像成這是兩條從腳背到膝蓋的「長筒襪」，不過有繫帶可以繫到腰上。

事實上，脛衣最早確實是跟襪子一樣，兩條腿各穿各的，不像褲子的兩個褲管連在一起。脛衣主要是為了保暖，有些是棉製的，所以我們可以把它看成是歷史上最早的保暖衛生褲。

不過，脛衣欠缺遮羞功能，一般來說，必須跟裳搭配著穿。也就是說，**在先秦時期，大部分中國人都是衣、脛衣、裳三者同穿，這樣才能把整個身子遮起來。**

而脛衣本來是兩條腿上各穿一條，後來就演變成腰間相連、上面開襠、下面有褲腿的開襠褲，這種褲子也叫「袴」或「絝」。《說文》云：「絝，脛衣也。」為了保暖，有些袴會做得非常厚實。

這種「開襠袴」現在還能看到一些原物，例如湖北江陵出土戰國時期的鳳舞花簇繡錦袴，就是製作工藝非常精良的開襠保暖衛生褲。

開襠褲在中國有極為悠久的歷史。福州的南宋墓中，曾經出土過二十三件褲子，其中就有不少各種材質的開襠褲（如絹布、絲棉等），不過，這時候的開襠褲已經具備遮羞功能，不用再外罩裙裳。而清代後宮中流行的套褲，也可以看作是早期脛衣的流風餘韻。

有此一說：合襠褲是宮鬥產物？

將中原傳統的開襠褲「脛衣」改造成合襠褲，據說是漢昭帝時的大將軍霍光，這背後還有一段「宮鬥」故事。

霍光是大司馬霍去病的異母弟，漢武帝臨終時，拜他為大將軍、大司馬，受命託孤，輔佐時年八歲的漢昭帝劉弗陵。

當時，另一位輔政大臣上官桀和霍光是親家，上官桀的兒子上官安娶了霍光的大女兒，生了一個女兒，也就是上官桀的孫女和霍光的外孫女。歷史上，這個女孩沒有留下名字，史書稱她為上官氏，她六歲就嫁給了時年十二歲的漢昭帝，初封婕妤，一個多月後就被立為皇后。

上官皇后的祖父上官桀後來密謀造反，被霍光誅殺，宗族都被夷滅，但上官皇后因為年幼沒有參與叛亂，又是霍光喜愛的外孫女，因而躲過一劫，沒有被廢。

霍光為了保證漢昭帝專寵上官皇后，竟然在服裝上大費苦心。《漢書．孝昭上官皇后傳》載，霍光「欲皇后擅寵有子，帝時體不安，左右及醫皆阿意，言宜禁內。雖宮人使令皆為窮絝，多其帶，後宮莫有進者」。這段文字的意思是，霍光希望上官皇后能得專寵而生子，正好當時有

▲南宋黃昇墓中出土的開襠脛衣。

段時間昭帝身體欠佳，身邊僕從與醫者都迎合霍光之意，勸昭帝應當注意身體，禁止他與其他宮嬪有雲雨之歡。為了確保昭帝不去臨幸其他宮嬪，她們都得穿上有襠的「窮絝」，因此沒有哪個嬪妃能得到昭帝臨幸。

不過，這匪夷所思的舉措，並沒有讓上官皇后誕下龍子。事實上，漢昭帝劉弗陵二十一歲時就因病駕崩，這年上官皇后才十五歲。不少人覺得這裡記載的窮絝，乃是中原地區改變開襠褲為合襠褲的開端。這個說法雖然流傳廣泛，但從中國服飾歷史的發展來說，其實並不準確。

合襠褲的來源，應該從西北少數民族的「胡服」說起。

秦始皇兵馬俑，開始穿褲子

秦、漢以前，中原地區的人

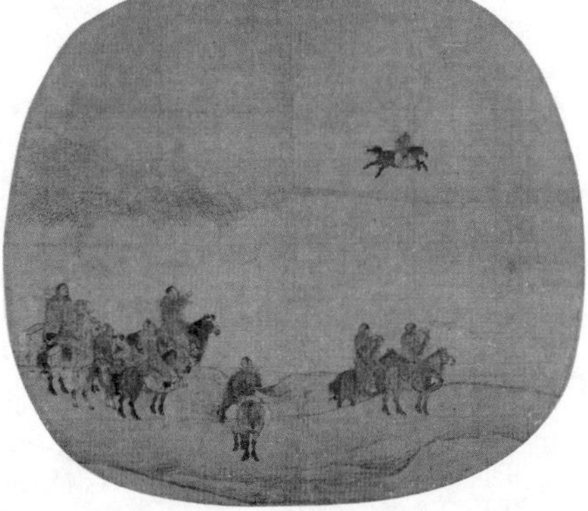

▲〈胡騎春獵圖〉（南宋，陳居中〔傳〕繪），描繪北方少數民族騎馬狩獵的情景，圖中右上人物縱馬奔馳，下方則為觀獵人群。現藏於美國大都會藝術博物館（Metropolitan Museum of Art）。

們大多穿裳和脛衣，但西部地區的少數民族生活在馬背上，這種衣服顯然不適合他們，因此生活在這裡的人們，在三千多年前就發明了褲子，而這也就是中國褲子的起源。

考古曾發現西周時期新疆地區的「皮褲」，這種褲子是合襠褲，用動物皮毛製成，皮在外，毛朝內，非常保暖。這種起源於西北的衣服，在先秦被稱作「胡服」。戰國時期，趙國的趙武靈王（西元前三二五年—前二九九年在位）為了國家的強大，推行胡服，教練騎射，使胡服開始進入中原。而秦國本來就位處西北，因此也採納了胡服，這就為後來中原人穿褲打下了基礎。我們現在看到的秦始皇兵馬俑，大部分都是穿褲子。

魏晉南北朝時期，合襠褲在中原非常盛行，**到了唐朝，徹底改變周代以來上衣下裳的主流服飾傳統，形成上衣下褲的服裝形式。**

暖手爐、熱水瓶、地暖設備，古人都想到了

無論是脛衣或皮毛胡褲，都是古人保暖的重要方式。當然，更保暖的衣服還是

貂裘一類，以動物毛皮製成的外衣。不過，在沒有空調和暖氣的年代裡，保暖僅靠衣服還不夠，還需要很多保暖工具。

燎爐是供烘烤或取暖用的爐子，早在春秋時期就相當常見。目前出土的春秋戰國時期燎爐中，最有名的一件就是現藏於中國國家博物館的春秋王子嬰次爐，這件青銅器形狀似長方盤，圓角平底，器壁兩側有環鈕，內壁有銘文七字「王子嬰次之燎爐」。王子嬰次究竟是哪國王子，目前還有爭議，但一般認為是楚國令尹子重（按：為楚穆王之子、楚莊王之弟）。

漢代以後，暖爐樣式就更多元了，還出現可以拿在手裡取暖的小巧溫手暖爐。唐、宋以後，還發明了內置熱水的暖水瓶，其中有種專門用來暖腳的工具，稱作「腳婆」，宋代著名文學家黃庭堅就很喜歡這種暖具，還留下詩句：「千錢買腳婆，夜夜睡天明。」明、清宮廷中使用的炭火盆，大多是景泰藍（按：學名為銅胎掐絲琺瑯，屬於琺瑯器的一種），外加金屬罩，既美觀又安全。

秦、漢時期，皇宮中設有「溫室」或「暖殿」，供皇帝冬天居住、起居使用。《漢書．京房傳》中說：「房奏〈考功課吏法〉，上令公卿朝臣與房會議溫室。」此處的「溫室」是殿名。為什麼要叫溫室殿呢？成書於東漢末、經過唐人擴寫的

《三輔黃圖》記載：「溫室殿，武帝建，冬處之溫暖也。」說明它的名稱由來，確實來自其保暖的功用。

據《西京雜記》記載，漢朝的溫室內，設有各種防寒保暖的設備，如用花椒和泥塗壁，壁面掛錦繡，設置屏風和鴻羽帳，地面鋪西域進貢的毛毯等。後代的皇宮中，冬天主要是靠燃炭取暖，明、清宮廷中除了炭火盆之外，更有地暖設備，宮殿內設有空心「火牆」，建地道連通燒炭的炭口。冬天，在炭口燃木炭，熱氣就能均勻輸送到房間各個角落，整個屋子都非常溫暖。

北方民間常見的火炕（按：設置於屋內的取暖設施。以磚搭建炕間牆，中有煙

▲〈虢國夫人遊春圖〉（唐代，張萱繪），虢國夫人即為唐玄宗寵妃楊玉環的三姊（圖中並行二騎之右者，左邊則為堂姊妹中排行第八的秦國夫人）。由此圖可知，唐代騎馬已為常態。現藏於遼寧博物館。

道，上層覆蓋平整石板，鋪設炕席即可使用；一般會與灶臺相連，利用煮飯燒柴的熱氣，通過炕間牆時烘熱石板、產生熱能），則是宋代以後才慢慢出現。南宋朱弁出使北方後寫下〈炕寢〉一詩，詳細記載當時燒炭的火炕：「禦冬貂裘敝，一炕且蹤伏。西山石為薪，黝色驚射目。方熾絕可邇，將盡還自續。飛飛湧玄雲，焰焰積紅玉。」

衛生褲是舶來品，距今不過百年

雖然衛生褲的歷史悠久，最早可以追溯到先秦的脛衣，在西方也可以追溯到十五世紀的歐洲宮廷，但我們現今穿著的這種衛生褲，實際上歷史並不悠久。一般認為，是加拿大的弗蘭克・斯坦菲爾德（Frank Stanfield）在一九一五年十二月正式申請專利，成為現代衛生褲先驅。

第二章

以為尋常的風俗，何時開始？

8 古代就有Cosplay，三國美男子何晏排第一

在Cosplay（按：和製英語，Costume play的混成詞，指利用服裝、飾品、道具及化妝搭配等，扮演動漫、遊戲中人物角色的表演藝術行為）文化中，常見到女性扮演男性動漫人物，或是反過來，由男生反串女性角色。

我們都知道，中國古代有很多女扮男裝的著名故事，早在夏朝，就有女扮男裝的夏桀寵妃妹喜，而像《花木蘭》、《女狀元》之類的故事更是膾炙人口。但很多人並可能不知道，喜歡穿女裝的男性也是自古有之，其中不乏許多有趣的典故。

中國最早穿女裝的男性群體，出現在春秋戰國時期，《荀子》中曾記載：「今世俗之亂民，鄉曲之儇子（聰明而輕薄的人。儇音同「宣」），莫不美麗姚冶，奇衣婦飾，血氣態度擬於女子。婦人莫不願得以為夫，處女莫不願得以為士（未婚夫），棄其親家而欲奔之者，比肩並起。」這些男性的衣著、打扮都類似女性，

很受歡迎，讓當時女性為之瘋狂，紛紛想要嫁給他們，經常有因此私奔的案例。不過，這些人並沒有留下大名。

而堪稱中國男扮女裝第一人，是著名哲學家、文學家，三國時期曹魏的何晏。

中國歷史上，第一個女裝男子

何晏，字平叔，小時候父親早逝，母親改嫁曹操，所以在曹操家長大。曹操對他非常寵愛，把自己的女兒金鄉公主嫁給他。他是魏晉玄學的創始人之一，其《論語集解》是一代名著，他的詩歌在文學史上也很有影響力。

但比起這些，何晏的美貌可能更出名。**要論中國古代的美男子，何晏必定榜上有名**。著名的「傅粉何郎」典故，出自《世說新語》：「何平叔美姿儀，面至白，魏明帝疑其傅粉。正夏月，與熱湯餅。既噉，大汗出，以朱衣自拭，色轉皎然。」

這個故事說，何晏相貌俊美，面容細膩潔白。魏明帝懷疑他在臉上塗抹脂粉，就挑夏天最熱的時候，賞賜他熱湯麵吃。果然何晏大汗淋漓，就用自己穿的紅色衣服擦臉上的汗。結果，擦完汗後，他的臉色顯得更白了，明帝這才相信他沒有上粉。原來何晏素顏就是這麼美！

後來，「傅粉何郎」這個成語，不僅用來形容人長得白，也經常用來代指人長得帥。

何晏的貌美來自天生的底子，但也離不開他時時刻刻用心打扮，後世記載：「何晏性自喜，動靜粉白不去手，行步顧影。」可見他對自己美貌的追求。

何晏不僅善於化妝打扮，《宋書．五行志》中還記載他「好服婦人之服」，這是中國歷史上第一個真正的女裝男子。雖然在他之前，也有關於男性穿女裝的記載，例如東晉王嘉《拾遺記》曾提到，西漢哀帝的同性戀人董賢在宮裡經常穿女裝，但《拾遺記》本身就是神異小說，真實性如何沒有人知道。

而何晏的女裝愛好，在當時就招致不少保守大臣的批評，甚至有人認為這是「服妖」，並說「何晏服婦人之服，亦亡其家」，把他後來被殺歸因於他喜歡穿女裝。但也有不少年輕人繼承了他的風流餘韻。

在之後的南朝，有不少男性年輕人「熏衣剃面，傅粉施朱」，雖然不敢都穿女裝，但也算是繼承了他對美貌的追求。

魏明帝愛女裝，甚至改了天子之冕

「傅粉何郎」的故事中，懷疑何晏美貌的皇帝魏明帝，其實也是一個酷愛女裝的帥哥。魏明帝名叫曹叡，他父親是曹操的兒子曹丕，算起來何晏跟他也有一點親戚關係。

《晉書．輿服志》記載：「後漢以來，天子之冕，前後旒用真白玉珠。魏明帝好婦人之飾，改以珊瑚珠。晉初仍舊不改。」在魏明帝以前，天子冕冠前後的玉串，都是用真白玉珠，但魏明帝平常就喜歡女性的裝飾品，就把它改成女性佩戴的珊瑚珠。從此之後，天子之冕前後都裝飾珊瑚珠了。

而魏明帝喜歡穿的衣服也很有個性，《三國志》裡記載，當時的大臣楊阜剛正不阿：「阜常見明帝著繡帽、被縹綾半褎（同「袖」）。阜問帝曰：『此於禮何法服也？』帝默然不答，自是不法服不以見阜。」大臣楊阜經常看見魏明帝戴著繡帽、穿著半袖的縹綾衣服，他就質問明帝：「在禮法上，這是什麼情況下穿的衣服呢？」明帝自知理虧，默不作答，但後來不按禮法穿朝服，就不敢再見楊阜。繡帽和縹綾半袖雖然不是女裝，但也能看出「好婦人之飾」的魏明帝的獨特審美觀。

佛教僧人，也穿女裝

唐代詩人元稹有首長詩〈琵琶歌〉，詩作寫明「寄管兒」，也就是贈給琵琶名家李管兒。這首詩描述了盛唐百年間的琵琶發展史，說「段師弟子數十人，李家管兒稱上足」，當時最偉大的琵琶演奏家是段師，而李管兒則是段師的得意高足。這位堪稱「唐代琵琶第一手」的段師，有一段傳奇故事。

據唐代段安節的《樂府雜錄》記載，唐貞元年間，「長安大旱，詔移兩地祈雨。街東有康

崑崙，琵琶號為第一手，自謂街西無己敵也。蓋樓彈新翻調〈綠腰〉。及度曲，街西亦出一女郎，抱樂器登樓彈之，移在楓香調中，妙技入神。崑崙大驚，請與相見，欲拜之為師。女郎更衣出，乃莊嚴寺段師善本也」。

當時最有名的琵琶高手康崑崙，在街東演奏，認為自己無人能敵；此時街西有位美女，抱著琵琶登樓彈奏，音樂美妙、無與倫比。康崑崙大為吃驚，當場就要拜師。結果，這位美女換了衣服走出來，竟然是莊嚴寺裡的善本法師。善本法師俗家姓段，所

▲〈歌樂圖〉局部（南宋人繪），描繪宮廷歌樂女伎演奏的場景。樂官（圖中最左男子）手持琵琶，女伎則持笛、鼓、排簫等多種樂器。現藏於上海博物館。

以大家也叫他段善本或段法師。

段善本穿女裝登樓表演，竟然無人看出，可見他的女裝水準之高。善本弟子眾多，唐德宗親自主持，讓康崑崙拜他為師。宋代郭茂倩《樂府詩集》卷七十九〈涼州六首〉中，引錄張同《幽閒鼓吹》：「段和尚善琵琶，自製〈西涼州〉，後傳康崑崙，即〈道調涼州〉也，亦謂之〈新涼州〉云。」可見在作曲方面，段善本也有經典作品傳世。

宋代的職業化女裝男子

宋代有一種獨特的職業**「男娼」**，他們是一群**職業化的男扮女裝者**。周密《癸辛雜識》中記載：「聞東都盛時，無賴男子亦用此以圖衣食。政和中，始立法告捕，男子為娼者杖一百，賞錢五十貫。吳俗此風尤盛，新門外乃其巢穴。皆傅脂粉，盛裝飾，善針指，呼謂亦如婦人，以之求食。其為首者號師巫行頭。凡官府有不男之訟，則呼使驗之。敗壞風俗，莫甚於此！然未見有舉舊條以禁止之者，豈以其言之醜故耶？」

這段紀錄的意思是：早在北宋時期，就有不少男性從事這一行，當時如果舉報他們，政府會給檢舉人五十貫獎金，而這個男娼則會被「杖一百」。到了南宋，周密自己在江南一帶，更親眼見到了不少男娼，這些男性都善於化妝和打扮，衣著、打扮乃至於藝名都非常女性化。而他們的首領，稱作「師巫行頭」。但這個時候跟北宋完全不同，男娼風氣已經形成，沒有什麼人肯去舉報了。

明代第一才子楊慎，塗粉插花大遊行

「滾滾長江東逝水，浪花淘盡英雄。是非成敗轉頭空。青山依舊在，幾度夕陽紅。」這是〈臨江仙〉這闋詞裡的句子，因為《三國演義》引用，而成為家喻戶曉的名篇。它的作者楊慎是一位奇才，稱他為明代第一才子當之無愧。他的父親是東閣大學士楊廷和，老師是內閣首輔李東陽，本人則是狀元及第。整個明朝，記誦之博、著述之富，推楊慎為第一。

他一生有四百多部著作，經、史、詩、文、詞曲、音韻、金石、書畫無所不通。不只如此，他在天文、地理、生物、醫學等方面也有很深厚的學識。

就算是這樣的文壇奇才，穿起女裝來也毫不猶豫。明代李紹文《皇明世說新語》卷六就記載了楊慎：「胡粉傅面，作雙丫髻插花。門生舁之，諸妓捧觴。遊行城市，了不為怍。」楊慎會塗粉插花，把頭髮梳成女性樣式，在瀘州城遊行。這是

▲〈升庵簪花圖〉局部（明代，陳洪綬繪）。楊慎，號升庵，此圖描繪他以白粉塗面、頭上插花，在城裡遊行。現藏於北京故宮博物院。

何等特立獨行，肆意瀟灑。

採花大盜女裝太美，讓人起色心

明代成化年間，出了一個前無古人的採花大盜群體，他們從小男扮女裝，當少女們的「閨蜜」，專門誘姦良家婦女。

這個群體中最有代表的一個人物，名叫桑沖。據清代褚人獲《堅瓠集》中記載：「成化丁酉，真定府晉州奏：犯人桑沖，供係山西太原府人，石州軍籍李大剛侄。幼賣與榆次縣桑茂為義男。成化元年，聞大同府山陰縣民谷才以男裝女，隨處教婦女生活，暗行姦宿，一十八年未曾事發。沖投拜為師，將眉臉絞剌，分作三綹，戴上鬏髻，妝作婦人。就彼學女工描剪花樣、剌繡等項。盡得其術。隨有任茂、張端、楊大、王喜、任昉、孫咸、孫原七人，復投沖學，各散去訖。三年三月，沖歷大同平陽等四十五府州縣，探聽人家出色女子，即投中人引進，教作女工，默與姦宿。若有秉正不從者，隨將迷藥噴於女子身上，默念昏迷咒。使之不能言動。即行姦宿。復念醒昏咒，女子方醒，沖再三陪情，女子隱忍不言。住兩三日。又復他之。丁酉七月十三日，至晉州聶村生員高宣家，宣留在南房宿，宣婿趙文舉強淫之，沖不從，文舉捽沖倒。揣胸無乳，摸有腎囊，告官，械至京都察院，具獄以聞。上以情犯醜惡。命磔於市。並命搜捕任茂等誅之。」

桑沖犯罪事實的東窗事發，很具戲劇性。他最早是在成化元年（一四六五年），跟著谷才學習男扮女裝技術，具體內容包括化妝打扮、女工刺繡等。學成之後，桑沖還收了七個學生，大家都做一樣的勾當。學習過程歷經三年，之後桑沖在山西一帶，打聽哪家有美貌女子，就請仲介把自己介紹去這戶人家做女工，晚上就去姦宿。有女子不從，他就用迷藥強姦，早上醒來則再三賠禮，女方只好隱忍。一直到成化十三年（一四七七年），桑沖投宿到一戶主人名叫高宣的家裡，結果因為貌美，被高宣女婿趙文舉強姦，在抗拒的過程中，趙文舉摸到他沒有胸部，下體有睪丸，這才徹底暴露，一直被解送到京城，最後受了凌遲。據他自己招供，在他十年生涯中，總共姦汙一百八十二名良家婦女。而他的七個學生也紛紛被逮捕，都判了死刑。

這件事在當時是爆炸性的大新聞，後來馮夢龍還把桑沖的真實事件，改編成〈劉小官雌雄兄弟〉，收在「三言二拍」中的《醒世恆言》裡。

戲曲藝人，最常見的女裝男性

在二次元 Cosplay 興起之前，我們最常見到穿女裝的男性，其實是在戲曲表演的舞臺上。中國曲藝歷史悠久，早在先秦時期就有不少男性藝人。漢初儒家學者叔孫通制定宮廷禮儀，制偽女伎，可以算是男旦的起源。

唐代時，有不少男性藝人會裝扮成女性表演，唱腔也模仿女聲。著名的文學家韓愈就曾觀看過這樣的表演，不過，他對此顯然並不欣賞，他的〈辭唱歌〉一詩裡就批評這些男藝人：「豈有長直夫，喉中聲雌雌。君心豈無恥，君豈是女兒。」

宋代以後，不論是元代戲曲還是明代雜劇、傳奇劇，粉墨登場的大多是男性。到了明、清時期，男扮女裝的藝人群體更加興盛。清人李斗在《揚州畫舫錄》中記載：「揚州花鼓，扮昭君、漁婆之類，皆男子為之。」

在崑曲和後來興起的京劇等戲劇形式中，男旦藝術登峰造極，例如大家所熟知的京劇「四大名旦」：梅蘭芳、程硯秋、尚小雲、荀慧生（按：一九二七年，由北京《順天時報》評選）。

▲ 雜劇（打花鼓）圖頁（南宋人繪），現藏於北京故宮博物院。

9 女詞人李清照，反家暴先鋒

《家庭暴力防治法》中，定義家庭暴力為：家庭成員之間實施身體、精神或經濟上之騷擾、控制、脅迫或其他不法侵害之行為。當今，已經有不少女性勇敢站出來，講述自己被家暴的細節，甚至也有演藝明星的家暴事件登上新聞，讓家庭暴力成為熱門話題。

家暴，向來是缺乏徹底解決方案的難題，其實也是自古有之。在中國古代漫長的歷史中，記錄在史料中的家暴案例不勝枚舉，其中也不乏反家暴的經典故事。

例如《踏謠娘》，是唐代盛行的民間歌舞戲，它的起源就是一場反家暴的「快閃」加「饒舌」。

反家暴的歌舞表演

唐代崔令欽《教坊記》記載：「北齊有人姓蘇，實不仕，而自號為郎中，嗜飲酗酒，每醉輒毆其妻。妻銜悲，訴於鄰里。時人弄之。丈夫著婦人衣，徐步入場行歌；每一疊，旁人齊聲和之云：『踏謠和來！踏謠娘苦和來！』以其且步且歌，故謂之『踏謠』；以其稱冤，故言苦。及至夫至，則作毆鬥之狀，以為笑樂。」

北齊時，有個姓蘇的男人，沒當官但自號「郎中」，自欺欺人。他時常酗酒，一喝醉就打老婆——這就是家暴了。家暴的次數太多，妻子無法忍受，只能向鄰居們訴苦。

有人就根據這個家暴事件，改編為一個表演藝術形式：男演員穿著女人的衣服，扮演被家暴的女性，搖搖擺擺的慢慢走進表演場地，邊走邊唱，訴說自己的不幸遭遇。

因為是一邊搖擺、一邊唱歌，大家就把那位演員的身段稱為「踏搖」[7]，每唱完一小段，觀眾們就齊聲呼應：「踏搖，和來，踏搖娘苦，和來！」大家用「苦」字與「和」一字，表示對她的同情。

此時，施暴的蘇姓男子就該出場了，這一對夫婦之間的打與被打、追與被追，還有喊叫、哭鬧等表現，觀眾們的情緒自然被調動起來，有同情、有義憤，而因為經過戲劇化的處理，更多人會哄堂大笑。

這種即興的表演，非常像一場快閃活動，而圍觀者齊聲大喊的內容，又像是一首饒舌歌曲。後來，這種表演得到認可，能夠反覆出演，最終發展為歌舞戲。

到了唐朝，這個演繹家暴的故事演變為《談容娘》，在原本的故事基礎上增添了一些細節，演員也由男扮女裝改為由真正的女性演出。

《全唐詩》中，就收錄了詩人常非月觀看完街頭《談容娘》表演後所寫的詩〈詠談容娘〉：「舉手整花鈿，翻身舞錦筵。馬圍行處匝，人壓看場圓。歌要齊聲和，情教細語傳。不知心大小，容得許多憐。」詩的最後一句，寫出大家對受暴女性的深刻同情。

7　古代「搖」與「謠」混用，因此也作「踏謠」。

即使妻告夫要關三年，李清照仍決定揭露家暴

中國最偉大的女詞人李清照，其實是一位反對家暴的先鋒。李清照出生書香門第，從小就以詩詞聞名，十八歲嫁給趙明誠後，夫妻共同探討金石詩文，琴瑟和鳴，生活充滿幸福與歡樂。

靖康之變時，金兵攻破首都東京汴梁，當時趙明誠在現在的南京擔任江寧知府，李清照押運十五車書籍器物南下和丈夫團聚。一年後，趙明誠去世，李清照孤苦無依，帶著文物書籍，追隨傳聞中皇帝奔走的方向，流徙浙東一帶。紹興二年（一一三二年），李清照抵達杭州。

顛沛流離的逃難生活，一路

▲ 李清照像（清人繪）。

上書籍文物流散，讓年近五十的李清照悲痛不已。就在這個時候，有個叫張汝舟的男人乘虛而入，對她噓寒問暖。李清照以為自己得遇良人，於是改嫁張汝舟，但萬萬沒有想到，張汝舟其實是衣冠禽獸，標準的渣男。他接近李清照，就是覬覦李清照手裡的書籍古玩。

婚後，張汝舟發現李清照大部分收藏已經在逃難路上遺失，便馬上換了一副嘴臉，對李清照不僅經常呵罵，更會拳腳相加。李清照在給友人的信件中寫道：「遂肆侵凌，日加毆擊，可念劉伶之助，難勝石勒之拳。」**備受家暴的李清照並沒有選擇忍受，而是奮起反抗，毅然報官要求離婚**，並舉報張汝舟種種營私舞弊的惡行。經查屬實，張汝舟受到應有的處分，而李清照也獲准離婚。

但是，**宋代法律規定，妻告夫要判處三年徒刑，因此李清照自己也身陷囹圄。**事實上，**在她決定離婚之時，已經明確知道這個後果，但她寧願身陷牢獄，也不願和施暴的張汝舟共處。**

幸運的是，經翰林學士綦崇禮等親友大力營救，她只關押九天之後便獲釋。對於李清照改嫁和遭遇家暴的故事，宋代《雲麓漫鈔》等史料有明確記載，但明、清代人覺得改嫁會影響李清照的形象，所以都認定此事子虛烏有，相關記載一定是偽造。但在現代的人們看來，敢愛敢恨的李清照才是真正偉大。她不僅是千古第一才女，也是中國古代反家暴的傑出女性。

被家暴的男人們，大多淪為笑話

家暴的受害者，大多數人會認為以女性居多，但其實自古以來，也有不少男性成為受暴對象。但是，這種家暴往往被視為「懼內」、「婦人悍妒」，而最終成為笑談。

我們常用「河東獅吼」、「季常癖」來形容怕老婆的人，這個著名典故源於蘇軾的一首詩。北宋人陳慥，字季常，年輕時自稱豪傑，浪蕩不已，後來開始折節讀書，參禪禮佛，人稱龍丘居士。他的妻子柳氏性格強勢，每當他招待客人、請歌女陪酒時，柳氏就醋意大發，用木棍敲打牆壁，讓客人尷尬不已，只好散去。而家裡沒有客人時，柳氏自然更加凶悍。

陳慥的朋友蘇軾，就借用獅吼戲比喻其悍妻的怒罵聲，作了一首題為〈寄吳德仁兼簡陳季常〉的長詩，其中有幾句：「龍丘居士亦可憐，談空說有夜不眠。忽聞河東獅子吼，拄杖落手心茫然。」生動記敘柳氏凶悍、陳慥無奈的情形。後來，這個故事被南宋洪邁寫進《容齋三筆》中，更廣為流傳。

柳氏對陳慥的凶悍算不算是家暴，可能還有爭議，但在古代的筆記和笑話集裡，確實記錄不少女性家暴男性的段子。

例如，清代成書的《笑林廣記》中，記載「葡萄架倒」的故事：有一吏懼內，一日被妻子家暴，抓破臉皮。第二天上堂，太守見而問之，吏托詞說：「晚上乘涼，被葡萄架倒下，故此刮破了。」太守不信，說：「這一定是你妻子抓破的，快派差役捉來。」不料，太守妻子在後堂偷聽，大怒，搶出堂外。太守慌忙對吏曰：「你且暫退，我內衙葡萄架也要倒了。」

葡萄架倒的故事，在宋、元時期就已經在民間普遍流傳，成為一個典故。元代周德清〈朝天子〉裡就寫道：「笑眼偷瞧，文談回話，真如解語花。若咱，得他，倒了葡萄架。」

在《笑林廣記》中，這種記敘強勢妻子欺壓丈夫的段子還有不少。例如「大丈夫」這一則，說一人被妻子毆打，無奈躲在床底下，其妻曰：「快出來。」其人曰：「丈夫說不出去，定不出去。」

再例如「請下操」這則，說一軍官怯內，屢屢被家暴，經常面帶傷痕。同僚謂曰：「以登壇發令之人，受制於一女子，面子往哪裡放？」軍官解釋說：「積弱所致，一時半會整頓不起。」同僚出了主意：「刀劍士卒，皆可以助兄威。等到你家夫人下一次咆哮時，先令軍士披掛，槍戟林立，站於兩旁，然後你再與她對抗。她懾於軍威，豈敢不降服！」軍官從之。等到隊伍站好、兵器排列好。他的妻子一見，大喝一聲：「你裝此模樣，欲將何為？」軍官聞之，不覺膽落，連忙跪下說：「並無他意，請奶奶赴教場指導操練。」故事中，這名軍官的反家暴行動完全落敗。

▲ 清代笑話集《笑林廣記》，由遊戲主人蒐集成書，也有一說為程世爵蒐集。

在明代，以河東獅吼為原型，戲曲

家汪廷訥創作了家暴主題的傳奇《獅吼記》，裡面有不少妻子家暴丈夫的段落。其中一節講到，蘇軾被貶黃州，邀陳季常同去賞花。陳季常的妻子柳氏疑心同行有妓女，不允。陳季常苦苦哀告，說若有妓女，甘受責罰，柳氏才放行。

不過，柳氏派蒼頭（指奴僕）去打探，果然同行有妓女。陳季常回家後，被罰跪池邊。蘇軾放心不下，前來探望，見狀不平，與柳氏評理，反被柳氏推出門去，陳季常更是遭到杖責。柳氏認為陳季常借朋友之力來壓服她，心中氣憤，拉他去見官。審判官同情陳季常，欲處罰柳氏，卻遭到自己老婆痛打。於是他們告到土地祠，土地公同情陳季常和審判官，反而遭土地婆責打，官司只得作罷。

後代崑曲和京劇中，都有這個故事。崑曲《獅吼記》中，講述柳氏對丈夫施暴的〈跪池〉，更是經典橋段。在這個故事裡，陳季常和審判官反家暴的掙扎，也都徹底失敗。

古代男人被女性家暴，往往都記錄在笑話集和喜劇之中，且男性的反家暴嘗試往往失敗告終，最終淪為笑談。這也說明中國長期以來是父權社會，**大家普遍覺得男性被家暴是很可笑的事，導致許多被家暴的男性也自認是「醜事」，不願意開口承認。**

在中國古代的夫主妻從的家庭結構中，家暴的例子很多，上到帝王家的「打入冷宮」，下到普通百姓家的辱罵毒打，史書中的記載不勝枚舉。而女性家暴男性的故事也為數不少。

有些人把家庭暴力當成是不可外揚的「家醜」。但是，家暴不該只停留在「家務事」的層級，而應受法律制裁。

10 追星，古人也瘋狂

「追星」這個詞，據說起源於小虎隊。一九八九年小虎隊在全臺灣辦巡迴演唱會，粉絲們成群結隊，騎著自行車一路追隨，並喊著偶像的名字。

於是，媒體便用「追星」來形容這種情景。追星族也許是痴迷於偶像的外型，也或許是傾慕偶像的才華和人格。不過，追星並非年輕人的專利，更不是到了現代才有的現象。古人追星也瘋狂，有些人甚至從未見過偶像，也痴心追星數十年。

接下來，讓我們循著史書記載，看看千百年前古人怎麼追星。

女粉絲太瘋狂，「看死」男偶像

要形容一個人長得帥，有個說法是「貌比潘安」。潘安，本名潘岳，字安仁，是西晉時文學家，在文學上與同時代的陸機並稱「潘江陸海」（按：以江、海比喻潘岳和陸機的才華橫溢）。

潘安長得非常好看，《世說新語》說他「妙有姿容，好神情」，因此吸引了一大批狂熱女粉絲，就連老太太都對潘安沉迷不已。

「少時挾彈出洛陽道，婦人遇者，莫不聯手共縈之。」漢代至魏晉時期，富家子弟流行挾彈攜壺，賞山景、打鳥雀，逍遙自在。年輕時的潘安也是這種風流人物，每當他帶著彈弓出遊，那些瘋狂的女粉絲就會手拉著手，形成一堵人牆，圍著潘安的車子。不僅如此，為了表達愛意，她們還會朝潘安的車子丟愛心水果，所以潘安每次出門，都會帶一車水果回家。

比他小三歲的著名文學家，因為寫《三都賦》而洛陽紙貴的左思，長相奇醜，但很有自信。他聽說潘安的粉絲故事，自己也趕緊仿效：「亦復效岳遊遨，於是群嫗齊共亂唾之，委頓而返。」結果，左思被一群老太太吐口水，只好回家。

還有一個圍觀美男的故事，發生在六朝時的南京。當時，有一個絕世美男名叫衛玠，是魏晉之際繼何晏、王弼之後著名的清談名士和玄學家，他不僅學問好，長相也好，就像白玉雕成，自帶光芒，《晉書》說他「風神秀異」。

衛玠年少時就很有名，他乘坐羊車到街市，看到他的人都以為是玉人，也不管逛街了，都紛紛跑去看他。

衛玠的舅舅驃騎將軍王濟，也是當時有名的英俊男子。但是，他每次和衛玠走在一起時，就只能嘆息珠玉在旁，自慚形穢，覺得自己形貌醜陋，《世說新語》的原文記載：「珠玉在側，覺我形穢。」王濟還跟別人說，與衛玠一同出遊，就像有光亮的珠子在旁邊，光彩照人：「與玠同遊，冏若明珠之在側，朗然照人。」

永嘉六年（三一二年），衛玠從南昌到南京，他的粉絲們紛紛出城圍觀，萬人空巷。衛玠本來身體就虛弱，受不了這種勞累，竟然一病而死，這一年他才二十七歲。當時的人說，這是粉絲看死了衛玠，就演變為成語「看殺衛玠」。

衛玠去世後，本來葬在南昌，但宰相王導認為他這樣的全民偶像，應該將墓地移到首都南京，方便全國人民憑弔，於是又將其陵墓遷到南京的「新亭」南面，位置約在現今南京雨花台區軟件大道一帶。

有才華的偶像會發光，指引粉絲成長

唐代，著名詩人往往粉絲眾多，例如大家都知道杜甫崇拜李白，經常寫詩問候他。但是，若和一個名叫魏萬的瘋狂粉絲比起來，杜甫還算相對保守。

魏萬為了見偶像李白一面，從河南王屋山出發，循著偶像的蹤跡，鍥而不捨大半年，長途跋涉三千里，從河南到江蘇，再從江蘇到浙江，最後在揚州追上李白。他講述自己的追星之路，並獻上自己辛苦寫成的長詩〈金陵酬李翰林謫仙子〉四十八韻。李白聽了很感動，揮筆就回贈〈送王屋人魏萬還王屋並序〉一百二十韻，讓魏萬感動得淚流滿面。這次會面之後，李白就任命魏萬擔任「太白粉絲後援會會長」一職，把自己的詩稿都交給他，請他編輯成集。

此外，**我們熟悉的汪倫，也是李白的粉絲之一**。汪倫在安徽擔任涇縣令，聽說偶像李白路過安徽，就寫信騙李白來家裡遊玩：「先生好遊乎？此處有十里桃花。先生好飲乎？此處有萬家酒店。」李白生平最愛就是飲酒賞花，看到信裡描述的風景，自然心動不已；但是，抵達現場一看，卻完全沒看到信裡所說的風景。

汪倫臉不紅氣不喘，向李白解釋：「桃花者，十里外潭水名也，並無十里桃花。萬家者，主人姓萬，非有萬家酒店。」原來，所謂「十里桃花」，是有個名叫桃花潭的水潭，離他家有十里遠；「萬家酒店」，是一間姓萬的人開的酒館。

不過，李白是個寵粉（按：流行用語，意指寵愛、認真對待自己的粉絲）的偶像，被粉絲騙了非但沒有生氣，還覺得有點感動。於是就在這裡流連數日，臨別時還寫了〈贈汪倫〉。這首詩成為千古名篇，不太會寫詩的汪倫也因此成了名垂千古的人物。

李白的粉絲致力於與偶像見面，而杜甫和賈島的粉絲，行為則令人困惑。杜甫的瘋狂粉絲之一，著名的詩人張籍，我們都讀過他的名句「還君明珠雙淚垂，恨不相逢未嫁時」。

張籍比杜甫晚生半個世紀，對杜甫痴迷到超越常人的境界。《雲仙散錄》（按：記載唐至五代時期名士、鄉紳的軼聞）記載，某天朋友探望張籍，只見他拿著大碗在拌紙灰，朋友大為疑惑，問他在做什麼？張籍回答：「我剛才把偶像杜甫的詩燒成灰，只要淋點蜂蜜拌勻後吃掉，以後寫詩就能和偶像一樣出色了！」

賈島的粉絲則是晚唐詩人李洞，他可能是第一個製作偶像周邊的粉絲。李洞鑄了一尊小小的賈島銅像，每天戴在帽子上，可謂是真「偶像」。不僅如此，李洞對賈島的崇拜還上升到信仰的程度，經常拿著念珠念誦「賈島佛」，多的時候一天甚至要念誦上千遍。

要是遇到其他賈島的粉絲，他就手抄賈島詩相贈，萬般叮囑對方，一定要將這些詩供起來，每天點香禮拜，因為他覺得這些詩卷和佛經無異。他在臨死前，還要求把自己埋在賈島曾經工作過的地方，即使死也不肯遠離

偶像。

唐代著名詩人白居易，非常喜歡比自己小四十歲的李商隱，到什麼程度呢？《唐才子傳》裡記載，他晚年跟李商隱說，下輩子一定投胎做他的兒子，原文是「我死後，得為爾兒足矣」。巧的是，白居易去世後，李商隱真的生了個兒子，他覺得這恐怕就是白居易轉世，因此給兒子取名為「白老」。但這個孩子絲毫

▲〈潯陽送別圖〉局部（明代，仇英繪）。此圖描繪白居易詩〈琵琶行〉場景，白居易至潯陽江邊送客，忽聞琵琶聲。圖中露出大半船身、華麗的船，為白居易送客之行舟；另一小舟則隱約於樹叢中露出船頭，應為商人婦之船。現藏於美國納爾遜－阿特金斯藝術博物館（Nelson-Atkins Museum of Art）。

沒有表現出任何文學天賦，甚至有點痴呆，李商隱的好友溫庭筠就嘲諷，要是白居易真的投胎變成這個孩子，可真是辱沒他了！

不僅如此，還有更狂熱的粉絲。這個人叫葛清，湖北荊州人，每天唱誦白居易的詩，時時刻刻難以忘懷。忘不掉怎麼辦？就刺到身上！他一狠心，一口氣在全身刺了三十多首白居易詩，脖子以下全刺滿。

除了刺文字之外，他還根據對詩意的理解，配上圖片。例如「不是花中偏愛菊」這句，他在旁邊紋上一個人手持酒杯，對著一叢菊花的圖像。當時人們把他的紋身叫做「白舍人行詩圖」，是一幅會行走的白居易詩圖啊！

我們看到，**唐代的追星，大多是傾慕偶像的才華**。這些粉絲們有時候也盲目、瘋狂，但**他們選擇的偶像，往往是這樣的人：靈魂有光，能指引別人成長**。

正確的追星方式：多讀書、陶冶氣度，成為更好的人

古代歌星的社會地位，雖然不像現代這麼高，但許多歌舞明星的粉絲群體也非常龐大。例如白居易〈琵琶行〉裡提到的那位女音樂人，當紅之時「五陵年少爭

纏頭，一曲紅綃不知數。鈿頭銀篦（按：梳子上有雲紋且兩頭鑲嵌金花寶飾）擊節碎，血色羅裙翻酒汙」。京都豪富子弟爭先恐後來獻彩，彈完一曲，收到的禮物不知其數，鈿頭銀篦為了打節拍常常斷裂、粉碎，紅色羅裙被酒漬染汙也沒關係。

不僅女歌手如此，男歌手也是粉絲眾多。例如漢代唱「一顧傾人城，再顧傾人國」的李延年，以及唐代演唱李白〈清平調〉三章，讓杜甫、王維紛紛贈詩的李龜年，都曾紅遍一時。

古代的明星也會鼓勵自己的粉絲積極向上。唐代的南京，有一位著名女歌星杜秋娘，她年少時就名滿金陵，鎮海節度使李錡成為她的粉絲，以重金請她到府中。杜秋娘自己譜寫了一曲〈金縷衣〉：「勸君莫惜金縷衣，勸君惜取少年時。花開堪折直須折，莫待無花空折枝。」

這首詩的作者和詩意，古人一直有爭議，但許多人都相信杜秋娘這首詩是在「隱諫李錡」，勸他珍惜青春年華，努力向上。唐憲宗繼位後，李錡舉兵被殺，杜秋娘進入皇宮，曾為唐憲宗演唱這首〈金縷衣〉，後來成為他的妃子。憲宗死後，她又經歷宮廷內鬥，最後削籍為民，回到家鄉，終老南京，著名詩人杜牧曾為晚年的她寫過〈杜秋娘詩〉。

明末秦淮八豔之一的李香君，當時粉絲眾多，其中之一就是少年名士侯方域，兩人曾有一段感人的愛情故事，後來被譜寫為《桃花扇》傳奇。李香君曾力勸侯方域，不要接近朝中權貴馬士英、阮大鋮等人；當侯方域要離開南京時，李香君又置酒送行，反覆提醒他要愛重名節。在《桃花扇》故事中，更是凸顯她為了愛國理想，和權貴堅決抗爭的形象。同為秦淮八豔的柳如是，則因奉勸自己的粉絲兼丈夫錢謙益殉難而聞名。

粉絲追星，也應該努力向偶像看齊，成為更好的自己。竹林七

賢裡，長得最帥的就是嵇康和阮籍，山濤和他們兩位來往頻繁，山濤的老婆就決定要親眼看看嵇、阮二人。於是，山濤把兩位帥哥請來，山夫人在家偷窺，徹夜不忍離開。第二天，她就跟山濤說實話：「論長相和才華，你已經配不上和他們做朋友了，只有多讀書、多長見識和氣度，才能繼續和他們做朋友。」山濤也欣然認同。

山濤妻子的這番話，正是告訴我們**身為粉絲的自我修養：多讀書、多陶冶氣度，成為更好的人，才是正確的追星方式。**

▲〈高逸圖〉（唐代，孫位繪），又名〈竹林七賢圖〉，現存為殘卷，圖中只剩四賢，每個人身邊都有一名小童侍候。圖中由右至左分別為山濤、王戎、劉伶和阮籍（缺嵇康、向秀、阮咸三人）。現藏於上海博物館。

11 清明不只祭祖，還會郊遊、逛市集

清明節是中國重要的傳統節日之一，也是最重要的祭祀節日，歷史極為悠久。清明節經歷漫長的演變，結合了寒食節、上巳等風俗，最終成為現在我們熟悉的節日，來看看古人如何過清明節吧！

清明，最早是節氣

「萬物生長此時，皆清潔而明淨，故謂之清明。」最早的清明，不是節日，而是節氣。清明是二十四節氣之一。

節氣在中國歷史悠久，《尚書．堯典》中提到仲春、仲夏、仲秋和仲冬，就是春分、夏至、秋分、冬至四個節氣；根據《左傳》的相關記載分析，春秋時已有春

分、秋分、夏至、冬至、立春、立夏、立秋、立冬八個節氣，這八個節氣名稱在戰國末年的《呂氏春秋》中已經正式出現。

二十四節氣名稱全部出現，是在漢代初年淮南王劉安及門客編成的《淮南子・天文訓》，從此二十四節氣的名稱就沒有改變過，一直沿用到今天。

根據《淮南子》，二十四節氣是以北斗七星斗柄頂端的指向來確定，斗柄從「寅位」開始，順時針旋轉，當斗柄指向「乙位」時，就是清明節氣。

漢武帝以後，開始採用「平氣法」平均劃分節氣，具體方法就是立杆測影，先確定每年日影最長、白晝最短的這一天為冬至，將之作為二十四節氣的起點，之後每隔十五天為一個節氣，清明就是冬至後的第一百零五天。

清初，受西洋傳教士建議，二十四節氣採用「定氣法」，依據太陽在回歸黃道上的位置，以春分點為零度起點，按黃經度數編排，當太陽黃經達十五度時，即為清明交節點。

儒家典籍《禮記・月令》中，記載每個月的徵候，後人將其和二十四節氣結合起來，總結為月令七十二候，每個節氣三候。清明三候分別是「桐始華，田鼠化為鴽，虹始見」。意思是說，清明節氣之後，陽氣生發，白桐花開始綻放。接著，田野中的老鼠因陽氣漸盛而躲回洞穴避暑，喜愛陽氣的鵪鶉類鳥兒開始活動。再者，陰陽之氣交匯，陽光從薄雲或雨霧中穿出，雨後天空便經常能看到彩虹。

寒食、上巳，逐漸融入清明節

過去很長一段時間，寒食比清明更像一個節日。寒食的起源，一般認為是為了紀念春秋時期晉國大臣介子推。當時，晉國發生內亂，晉獻公寵妃驪姬逼迫太子申生自殺，公子夷吾和重耳逃亡，跟著重耳出逃的大臣中就有介子推。

這次流亡前後十九年，餐風露宿，歷經艱難險阻，期間有位叫鳧須的隨從，偷走所有的資糧，重耳一行人饑餓難當，乞食無果，介子推竟然將自己大腿上的肉割下一塊，和著野菜煮成湯給重耳吃，救了重耳一命。公子重耳非常感動，表示日後若能成為君王，一定好好報答介子推。

十九年流亡之後，公子重耳真的成了君王，也就是後來春秋五霸之一的晉文公。介子推沒有像其他人一樣主動請賞，而是選擇做一名隱士，和母親隱居綿山。晉文公為了逼其下山，便下令放火燒山，介子推堅決不願離開，竟被燒死。晉文公感念其志向，將他葬於綿山，修祠紀念，並下令在介子推死難之日禁火寒食，以寄哀思，這便是寒食節的由來。

這個故事最早見於漢代的典籍。但實際上，**寒食的風俗起源更為悠久，和古人「改火」的祭祀傳統相關。**

先秦時，初春時分，保存的火種容易發生火災，人們便把火種熄滅，並舉行隆重的祭祀儀式，之後再重新鑽木取得新火，這就是禁火和改新火。改火期間沒有火苗，因此大家會提前備好熟食，以冷食方式食用。

寒食節禁火的習俗，一直保留到宋代，宋代以後寒食不再禁火，就變得有名無實了。

寒食和清明節只隔一、兩天，後來實質上合併成一個節日，甚至有時會將寒食當作清明的別稱。掃墓也一度是寒食節習俗，唐代便是在寒食節掃墓，並逐步沿至清明。

上巳是三月的第一個巳日（按：古代以天干加地支記日，出現「巳」的日子就稱為巳日），也是一個古老的祭祀節日。春秋時期，鄭國等地就有這一天到河流上游祈禱的風俗，由女巫主持。

漢代開始，上巳成為全民性的節日，《後漢書．禮儀志》記載：「是月上巳，官民皆絜（潔）於東流水上，曰洗濯祓除，去宿垢疢（音同「趁」，疾病），為大絜。」這天，人們會透過沐浴來祛災。

魏晉南北朝以後，上巳固定為三月三日，人們除了在水邊修禊8祈禱，還會組織郊遊踏青、飲酒集會等活動，祭祀意味慢慢變淡，遊樂氣息越來越濃郁。歷史上最有名的一次上巳聚會，就是東晉穆帝永和九年（三五三年）三月三日，王羲之與謝安、孫綽等四十一人，在山陰（今浙江紹興）蘭亭修禊，流觴曲水，詩酒唱和，王羲之為這次聚會的詩集做了一篇序文，這便是被譽為「天下第一行書」的〈蘭亭集序〉。

唐代早期的三月三日，依舊有郊遊踏青的大型活動，杜甫的名作〈麗人行〉開篇就說：「三月三日天氣新，長安水邊多麗人。」這一節日在南朝時傳入日本，並逐漸成為日本重要的節日之一，最初也叫上巳，慶祝內容模仿中國的流觴曲水。後

8 古代的基本祭祀之一。多在水邊舉行，取滌舊蕩新之義。

▲王羲之像（明代，陳洪綬繪）。

來逐漸演變為現在日本的女兒節。

唐代中期，因為上巳、寒食、清明時節接近，風俗逐漸開始融合，雖然這三個節日的名字都得以保留，在不同的地區也有各自的風俗和講究，但整體來看，融合祭祖、郊遊踏青等風俗為一體的清明節，影響力越來越大。

到了宋代，寒食已成為清明節的附屬，《東京夢華錄》裡記載的清明節，就明確包括了寒食和清明日。

清明假期長達七天，堪稱「黃金週」

算起來，清明節放假已經有將近一千三百年的歷史。唐玄宗開元二十四年（七三六年），清明節開始有「法定假期」。《唐會要．卷八十二．休假》記載：「（開元）二十四年二月十一日敕：寒食清明，四日為假。大曆十三年二月十五日敕：自今已後，寒食通清明，休假五日。至貞元六年三月九日敕：寒食清明，宜准元日節，前後各給三天。」

唐玄宗時期，寒食、清明一共是四天假；過了四十年，到唐代宗大曆十三年

（七七八年），增加了一天假期；又過了十幾年，唐德宗貞元六年（七九〇年），又增加兩天，變成七天，堪稱「清明黃金週」。

漢代時，長假只有夏至和冬至，各有五天。唐代早期，元旦和冬至各七天，寒食及清明四天，夏至、中秋、臘八各三天，皇帝的生日也要放一至三天假。

宋代則延續唐代政策，清明、寒食也是七天假。這兩個節日實際上已經完全融為一體，上巳的風俗也已完全移植過來，成為「祭祖踏青黃金週」。

在宋代，法定假日除了元旦、冬至各七天外，還有三個黃金週假期，分別是元宵節、清明節和皇帝生日。

到了明代，朱元璋是標準工作狂，對節日毫無興趣，他本人堅持全年無休，每天加班，經常工作到深夜，國定假期也只有可憐的三天，分別是元旦、冬至和他的生日。

朱元璋以後，皇帝和大臣都深深認為要多放點假，法定假日相比洪武時期大大增加，元宵節放十天、元旦五天、冬至三天。但清明節從此退出國家法定假日的序列，整個明代都不再放假。清代則延續明代的政策，也沒有把清明納入法定假日，但民間對於清明節的重視一直長盛不衰。

九百年前的清明記憶

唐、宋時期，清明節最盛大。成書於近九百年前的《東京夢華錄》，詳細記錄當時清明節的場面。首先是寒食前一天，家家戶戶都要在家門口插上柳條，上面往往還有被稱作「棗錮飛燕」的麵食，這是為了紀念介子推，所以也叫「子推燕」。

要是家裡有女孩子年滿十五歲，也是在這天為她結髮，完成及笄儀式。清明節當天，人們會去掃墓，皇宮也會派車馬到奉先寺和道者院，祭拜已逝宮人和

嬪妃的墳墓。至於皇親國戚的陵墓，並不位於首都開封，則會提前半個月安排宗室祭拜。

這一天，許多人都會出城遊玩。京城四周的郊區，到了這一天就像鬧市，大家圍坐在綠葉柔嫩的大樹下，或在園林館舍之間，擺好杯盤和酒菜，互相勸酒應酬。郊外各個園林裡，來自京城的歌姬、舞女歌舞不休，大家都會暢玩到黃昏，才捨得回家。

郊外還有賣各種食品和泥土製成的紀念品攤子，叫「門外土儀」，大家會買一些棗、炊餅等麵點，也會買泥土捏造的小

▲〈清明上河圖〉局部（北宋，張擇端繪）。此圖描繪北宋首都汴京和汴河沿岸繁華熱鬧的景象，明、清時期出現許多版本。

玩具，例如黃胖小泥人、玩具小刀、花卉水果、房屋模型、戲劇人物、鴨蛋、小雞等。回家時，轎子頂插滿柳枝和野花，這些柳葉雜花從轎子四面垂下來，把轎子的小窗都遮住了。

此外，這一天皇家景點也會特別開放，迎祥池是首都風景絕美的地方：「夾岸垂楊，菰蒲蓮荷，鳧雁游泳其間，橋亭臺榭、棋布相峙，唯每歲清明日放萬姓燒香遊觀一日。」

《東京夢華錄》還記載：在清明節這天，各處集市裡都賣稠餳（一種厚的飴糖。餳音同「形」）、麥糕、乳酪、乳餅等食品。當人們出城歸來，漫步踏入城門，他們帶著醉意，慢慢走回家，斜陽漸漸西下，月亮慢慢升起，踏進家門時，正好看到月光映在盛開的梨花上。這一天，禁軍分成幾個隊伍，騎在馬上，奏起樂器，四處巡邏，稱作「捧腳」。這些禁軍兵士旗幟鮮明，軍容雄壯，人和馬都精神抖擻，也成為這個節日京城裡一道特別的風景。

現在看古人的清明記憶，確實有一種別致的浪漫。**清明是人與先祖、人與自然互動的節日，家族的歷史記憶、自然的和煦春光，正是許多人一生中最珍視的事。**

清明時節雨紛紛：文學中的清明節

清明、寒食的諸多風俗，在古人的文學作品中也有生動的紀錄。唐代韓翃的〈寒食〉詩云：「春城無處不飛花，寒食東風御柳斜。日暮漢宮傳蠟燭，輕煙散入五侯家。」

唐代制度，寒食日天下一律禁火，唯宮中可以燃燭。清明這天，皇帝宣旨取榆柳之火賞賜近臣，以示皇恩。這首詩的後兩句描述此一現象，帶有慨歎之意。竇叔向〈寒食日恩賜火〉：「恩光及小臣，華燭忽驚春。電影隨中使，星輝拂路人。幸因榆柳暖，一照草茅貧。」這首詩寫得更加直白，可以和韓翃〈寒食〉相互參照。

宋人詩詞中，也有不少關於清明賜新火的紀錄，例如歐陽修〈清明賜新火〉云：「魚鑰侵晨放九門，天街一騎走紅塵。桐華應候催佳節，榆火推恩忝侍臣。」

唐、宋時期清明非常熱鬧，人們紛紛出遊踏青。杜甫〈清明〉詩寫道：「著處繁花務是日，長沙千人萬人出。渡頭翠柳豔明眉，爭道朱蹄驕齧膝。」可見當時遊人之多。宋代歐陽修的〈採桑子・清明上巳西湖好〉，描寫當時西湖踏青的情形，也極為生動：「清明上巳西湖好，滿目繁華，爭道誰家，綠柳朱輪走鈿車。遊人日暮相將去，醒醉喧譁，路轉堤斜，直到城頭總是花。」

出遊踏青的人，男女都有，難免會邂逅浪漫的愛情。先秦時期，青年男女會在初春時分踏青出行，並在野外尋覓自己的如意伴侶。唐代崔護就曾在清明出遊時，遇到讓他心動的女子，可惜第二年再去時，伊人已經逝去，所以他寫下了千古名篇〈題都城南莊〉：「去年今日此門中，人面桃花相映紅。人面不知何處去？桃花依舊笑春風！」

古人在清明節前後，也有許多娛樂活動，例如盪秋千、蹋蹴鞠、鬥雞、放風箏等等，在詩詞中都有不少紀

▲〈明皇鬥雞圖〉（北宋，李崧繪）。明皇即為唐玄宗李隆基，喜愛鬥雞，導致貴族大臣紛紛仿效。

錄。唐玄宗為了趕路，錯過清明節，在〈初入秦川路逢寒食〉詩中就寫道：「可憐寒食與清明，光輝並在長安道。自從關路入秦川，爭道何人不戲鞭。公子途中妨蹴鞠，佳人馬上廢秋千。」宰相張說在一首〈奉和聖制寒食作應制〉詩中，也有提到「鬥敵雞殊勝，爭球馬絕調」。

當然，清明節重要的活動之一就是回鄉掃墓，路途之中難免感慨萬千。杜牧的〈清明〉便是千古名作：「清明時節雨紛紛，路上行人欲斷魂。借問酒家何處有？牧童遙指杏花村。」

《紅樓夢》裡也有關於清明節的紀錄。探春的判詞（按：在《紅樓夢》裡，判詞為主要人物結局的隱諱總結，其中又以十二釵判詞為最）和她寫的燈謎裡都提到清明：「清明涕送江邊望，千里東風一夢遙」、「階下兒童仰面時，清明妝點最宜時」。前者描寫的內容，和後句燈謎的謎底都是風箏。放風箏是初春直到清明，民間常見的娛樂活動，不過在描寫探春時反覆使用風箏意象，卻是別有深意，暗示她的命運。

在第五十八回還寫道：「可巧這日乃是清明之日，賈璉已備下年例祭祀，帶領賈環、賈琮、賈蘭三人去往鐵檻寺祭柩燒紙。」這也能看到當時大戶人家的清明慣例。至於在賈府的下人丫鬟，清明這天不許在府內燒紙。賈府的優伶藕官和菂官在戲裡扮作情人，動了真情，菂官死後，藕官念念不忘，每節燒紙，有次清明節在大觀園燒紙，被婆子抓住，幸虧寶玉出手救了她。

12 牛郎、織女七夕相會，魏晉才出現

牛郎、織女的傳說，在中國流傳已久，被認為是民間四大愛情故事之一，但他們的故事版本眾多，我們熟悉的那個版本其實很晚才出現。

古人心目中的牛郎與織女愛情故事，跟現在有什麼不同？就讓我們追本溯源，考察這個故事的演變過程。

《詩經》中的牽牛織女，投射詩人怨念

牛郎、織女的原型，是天上的星辰，他們的神話，是先民星辰崇拜的體現。牽牛星、織女星的擬人想像很早就出現，早在春秋時期，中國第一部詩歌總集《詩經》中，就已經有一首詩同時提到織女和牽牛，就是《小雅》中的〈大東〉。一般

認為，這首詩的作者生活在西元前七〇〇年左右，距今兩千七百多年，是譚國（今山東濟南一帶）的大夫。詩裡寫道：「維天有漢，監亦有光。跂彼織女，終日七襄。雖則七襄，不成報章。睆彼牽牛，不以服箱。」

詩人抬頭看到天上的織女星和牽牛星，就抱怨織女織不成布帛，抱怨牽牛不能拉車運輸。為什麼會有這樣的怨念呢？因為當時，包括譚國在內的東方諸侯國歸順周朝後，勞役和稅負很重。這首詩，其實是抱怨周朝統治的詩。有學者評價這首詩想像奇麗，是屈原《離騷》的先導。在《詩經》中，牽牛、織女雖然被擬人化，但並沒有關於他們之間愛情的敘述。

出土秦代竹簡，見證牛郎與織女的愛情

在《詩經》之後，人們慢慢賦予這兩顆星星愛情的意義，但遺憾的是，在我們當今能看到的戰國、秦代文獻裡，並沒有相關記載。

不過，好在有出土的文物，能幫我們釐清這個愛情故事的傳承軌跡。**一九七五年，湖北雲夢睡虎地秦墓出土了一批戰國末年至秦始皇時期的竹簡，其中有兩個竹**

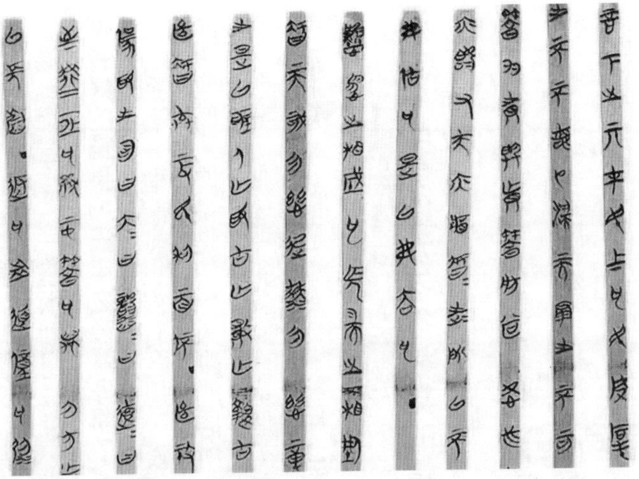

▲湖北雲夢睡虎地出土秦簡。

▲漢墓出土天象圖壁畫，牛郎織女圖局部。

簡提到了牛郎和織女。其第一五五簡上文字是：「戊申、己酉，牽牛以取織女，不果，三棄。」第三簡簡背上文字為：「戊申、己酉，牽牛以取織女，而不果。不出三歲，棄若亡。」**這兩則記載說，戊申、己酉是牽牛娶織女的日子，但兩人的愛情沒有好的結果，三年之後就分開了。**

還有一個記載也很有意思，漢、魏之間成書的《三輔黃圖》中說，秦始皇營造咸陽宮時，原型是仿照天帝的居所，他用渭水來仿照天河，還特意在河上修了一座橋，說是方便牽牛會織女。這個記載不一定可靠，但我們基本上能確定，在戰國和秦漢時期，民間已經在流傳和紀念牽牛與織女的愛情故事了。

漢末，牛郎織女不得相見的情節開始成形

最近幾十年考古發現的西漢畫像裡，有好幾幅牛郎與織女的圖像。文獻記載漢武帝曾在長安昆明池裡，擺放大型的牛郎、織女石雕，據說現在陝西西安市長安區斗門鎮的一對兩公尺高的石像，就是當時的遺留。

在東漢末年和三國初期，出現不少關於兩人愛情的描述。漢代的著名詩歌《古

詩十九首》中，有一首〈迢迢牽牛星〉，就是以織女思念牛郎而不得相見的傳說，表達夫妻不能團聚的悲愁。

從詩歌內容來看，牛郎織女的愛情故事已經成熟許多。這首詩是這樣的：「迢迢牽牛星，皎皎河漢女。纖纖擢素手，箚箚弄機杼。終日不成章，泣涕零如雨。河漢清且淺，相去復幾許？盈盈一水間，脈脈不得語。」

至此，牛郎織女隔著銀河不能團聚的故事，已經成了有情人不能相見的典故。三國時期曹魏的曹丕和曹植兄弟，都寫過相關的詩歌。

例如曹丕的〈燕歌行〉中，就有「明月皎皎照我床，星漢西流夜未央。牽牛織女遙相望，爾獨何辜限河梁」這樣的句子。

而曹植的名作〈洛神賦〉中，也有「嘆匏瓜之無匹兮，詠牽牛之獨處」這樣的表達。

曹植的另一首作品〈九詠〉也感慨「臨回風兮浮漢渚，目牽牛兮眺織女。交有際兮會有期，嗟痛吾兮來不時」，後來唐人注釋這首詩，就說「牽牛為夫，織女為婦。織女牽牛之星各處河鼓之旁，七月七日乃得一會」。

魏晉南北朝，確定七夕相會

題為南朝梁任昉所著的《述異記》中，全面的介紹牛郎織女的愛情故事：「大河之東，有美女麗人，乃天帝之子，機杼女工，年年勞役，織成雲霧絹縑之衣，辛苦殊無歡悅，容貌不暇整理，天帝憐其獨處，嫁與河西牽牛為妻，自此即廢織紝之功，貪歡不歸。帝怒，責歸河東，一年一度相會。」

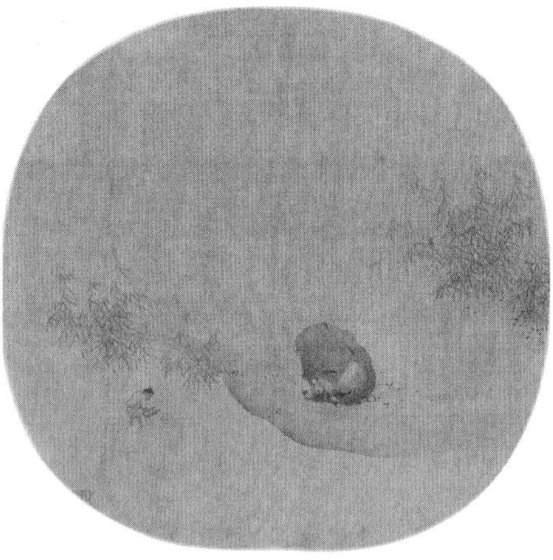
▲牧牛圖（宋人繪）。

任昉生活的年代，距今大約一千五百年，他祖籍山東，但長期生活在南京。他所記載的故事，說織女是天帝的女兒，負責織衣，工作壓力很大，因此每天都愁眉苦臉。天帝憐憫她單身，就把她嫁給河西牽牛。

但織女結婚後樂不思蜀，就不再認真織衣了，天帝看她績效不佳，一怒之下又讓她回到河東，以後和牽牛只能一年見面一次。這個故事的結構，基本上已和我們熟知的經典愛情故事相同了。

雖然《述異記》裡沒有提到七夕，但事實上，在魏晉南北朝時期，牽牛織女七夕相會已經廣為吟詠。東晉學者李充有〈七月七日〉詩，提到「牽牛難牽牛，織女守空箱」。王鑑、蘇彥、南朝宋孝武帝、顏延之等人都有相關詩歌。

南北朝時期梁朝的湖北學者宗懍，在《荊楚歲時記》一書中記載：「七月七日，為牽牛織女聚會之夜。」他還引用晉代傅玄《擬天問》：「七月七日牽牛織女會天河。」可見**在魏晉南北朝時期，牛郎、織女七夕相會的故事已經成形。**

織女下凡出軌，反正牛郎不知道！

牛郎、織女是堅貞愛情的象徵，但古人的想像力往往突破天際，超出我們的想

▲牛郎織女鵲橋相會故事鏡，時代約在宋、金時期。

像。在宋代成書的《太平廣記》卷六十八裡，就曾經用很長的篇幅記載織女下凡出軌的故事，以下是刪除枝微末節後的版本：「太原郭翰，少簡貴，有清標，姿度美秀……乘月臥庭中……見有人冉冉而下，直至翰前，乃一少女也……女微笑曰：天上織女也。久無主對，而佳期阻曠，幽態盈懷。上帝賜命遊人間，仰慕清風，願托神契。翰曰：非敢望也，益深所感……乃攜手登堂，解衣共臥……自後夜夜皆來，情好轉切。翰戲之曰：牽郎何在？那敢獨行？對曰：關渠何事？且河漢隔絕，無可復知。縱復知之，不足為慮！」

太原有個年輕帥哥叫郭翰，晚上躺在戶外睡覺，忽然天上降下一個女神，說自己是天上織女，想要和他在一起。兩人纏綿了好幾個夜晚。有天，郭翰問織女：「我們這樣做，牛郎知道了怎麼辦？」織女則霸氣回應：「天上銀河阻隔，他怎麼會知道？就算知道了又怎樣？不足為慮！」

這個故事的後續還很長，大意是說兩人被迫分開，但織女還派侍女寄給他兩首情詩，他也回詩一首，裡面有這樣的句子：「人世將天上，由來不可期。」兩人露水姻緣，從此再也沒有見面，但郭翰對織女一生念念不忘，思念而終。

明、清以後，才發展為人神相戀

以前的故事中，牛郎、織女是兩位星神，可以說是一對「神仙眷侶」，和我們熟悉的人神相戀劇情不太一樣。

明代萬曆年間的白話神話小說《新刻全像牛郎織女傳》，有四卷五十七則，朱名世編，在這個小說中，牛郎和織女還是兩位神仙，雖然增加了月老、李老君、太白金星等角色，但故事和前面的傳說並沒有太大出入。

這部小說是個孤本，中國沒有流傳，反而在日本文求堂有收藏。民國時期，有中國學者把它從日本買回來，現在收藏在中國國家圖書館。

此後，類似的小說還有《牛郎織女》，也叫《鵲橋會》，在這個故事中，牛郎曾經是天上的神仙，但被貶落凡間，算是一個凡人。從這部小說起，才算開始了人神相戀的劇情。

牛郎與織女的故事，在清代時還成為京劇和各地地方戲中的主題，經常在七夕演出。最有名的是皮黃戲《天河配》，也叫《牛郎織女》，牛郎偷窺織女洗澡、偷走衣服等情節，就是源自這些通俗戲劇。

▲ 明代灑線繡鵲橋補子（按：指官服胸前和背後的方形裝飾，起源於唐，盛行於明、清），圖案即為牛郎、織女相會。

13 東漢，玉兔就已在月亮上搗藥了

每到中秋節，人們就會自然而然提到月亮、說起月亮上居住的嫦娥和玉兔。那麼，玉兔是什麼時候出現在中國人的生活之中呢？

玉兔居然是一隻外來兔？

中國的玉兔傳說，起源於何時何地，是學術界至今尚未完全解決的難題。中國語言學家、翻譯家季羨林，曾根據西元前一五〇〇年左右即開始編訂的《梨俱吠陀》（按：《吠陀》中最重要的一部作品，印度最古老詩歌集）就提過月亮與玉兔，提出月中玉兔的傳說可能來自印度的說法。實際上，二十世紀初日本學者藤田豐八等人，就曾有過類似的推斷。

玉兔真的是隨著佛教，從印度傳入中國的嗎？唐代著名高僧玄奘大師口述、其弟子辯機大師編寫的《大唐西域記》中的一則記載，似乎為這一說法增添一些可信的證據。

《大唐西域記》記載的是玄奘從長安出發，親身遊歷西域的所見所聞，在該書卷七中記載，玄奘大師在鹿野苑（按：佛教在古印度的四大聖地之一）看到一座「三獸塔」，這座塔的由來有個歷史悠久的傳說。傳說，這裡曾經生活著狐狸、兔子和猴子三隻動物，牠們自得其樂。有一天，天帝釋變成一個凡人，降臨到牠們三個面前，說自己很餓，希望三位能夠幫他找點食物。

這三隻富有愛心的動物一口答應，並馬上出發尋找食物。狐狸在水中撈到了魚，猴子在樹上摘到果子，只有兔子一無所獲。天帝釋於是嘲諷兔子，認為牠和其他兩隻動物不是一條心，不配和牠們做朋友。

兔子聽完，便請牠的兩位朋友多找些柴火。待狐狸和猴子拿來柴火，兔子就點起大火，跟天帝釋變成的老人說：「老人家，我是如此卑微，沒有辦法滿足你的需求。現在，我把自己做成食物，希望能供你一餐！」說完，兔子縱身跳入烈火之中，很快就死掉了。

天帝釋被兔子震懾，變回了本身，對著兔子的遺體感慨良久，才對狐狸和猴子說：「吾感其心，不泯其跡，寄之月輪，傳乎後世。」天帝釋被兔子感動，便將兔子安置在月亮之上，讓後世的人都知道這件事。

這個故事在印度流傳很久，實際上梵語中的「月亮」一詞，和兔子便有密切關係（按：梵語的月亮為Śaśin，兔子為Śaś）。

兔子燒身的故事，其實在更早的漢譯佛經裡就有，三國時期康僧會在南京翻譯的《六度集經》中，就有這個故事的前段。不過，故事中是四隻動物，且缺了最後關於月亮的那一段，所以不容易讓人將其聯想到月中玉兔。

玉兔真的是來自於印度嗎？其實，中國本土很早也有搗藥的兔子。

漢代，玉兔已經在月亮上搗藥了

在佛教傳入中國之前，中國其實已經有了玉兔的形象。不過，早期的玉兔和嫦娥，可能還沒有關聯。因為最早提到嫦娥的傳世文獻，是西漢時期的《淮南子》，說嫦娥偷了后羿從西王母那裡得來的不死藥，奔上了月亮，「羿請不死之藥於西王母，姮娥竊以奔月」。在新出土的秦簡中，也有類似的記載，但這些故事都跟兔子沒有關係。

關於兔子和月亮相關聯的文獻，古人認為最早出自屈原的名作〈天問〉。其中一句問月亮：「夜光何德，死則又育？厥利維何，而顧菟在腹？」漢代王逸注釋〈天問〉，認為「菟」就是兔，並說他曾看過有些版本直接寫成「兔」字；宋代儒者朱熹解釋「顧菟」，直接說這就是兔子的名字。

雖然近代以來，有許多人對傳統說法提出了挑戰，例如學者聞一多認為是蟾蜍，還有學者認為是白虎，且得到不少支持。但是，依舊有不少學者堅持「菟」就是「兔」的觀點。

但不論如何，至少**在漢代早期，中國的月亮傳說中，肯定已經有兔子**。在西漢早期的馬王堆一號、三號漢墓，還有山東臨沂金雀山九號墓帛畫中，都出現在彎月上繪有兔子和蟾蜍的形象，可見至少在西漢，兔子與月亮的關係就已經建立。

漢代墓室壁畫及畫像石中，也可以見到不少奔跑在月亮中的兔子。洛陽西郊淺井頭墓室（屬於西漢中期）頂脊壁畫上所繪女媧手捧的圓月中，就有一隻蟾蜍和一隻奔跑的兔子。這樣的圖案不僅在北方多次被發現，江蘇徐州蘇盱眙漢墓的棺蓋頂板上繪製的日月圖中，右方的月亮上也有一隻蟾蜍和奔兔。

至於**搗藥的兔子**，**大概出現在東漢**，傳世的漢樂府中，有「白兔搗藥蝦蟆丸」一句。這句話是互文，也就是說白兔和蝦蟆（蛤蟆）一起搗藥，一起丸藥（丸是動詞，把東西弄成丸狀）。雖然詩裡沒有說牠們在哪裡搗藥，但從出土的東漢時期畫像來看，牠們的工作場所就是在月亮。

山東安丘漢墓中室封頂石畫像中，月輪裡玉兔和蟾蜍執杵搗藥，同一時期或稍後的墓葬中，搗藥的兔子形象越來越多見，而且，**有不少兔子搗藥的畫像和西王母一起出現。**

▲ 清代民間版畫中的搗藥玉兔形象。

古人想像西王母掌管不死藥，因此，**玉兔顯然就是製藥團隊中的重要工作人員**。

有趣的是，在不少漢墓發現的畫像石或壁畫中，搗藥的兔子還不只一隻。甚至在山東滕州西戶口東漢延光元年（一二二年）壁畫中，四隻兔子分工明確，左邊兩隻負責搗藥，右邊兩隻負責過濾。

因此，我們可以總結：至少在**西漢，兔子已經和月亮產生聯繫；東漢，兔子已經開始在月亮上搗藥了。**

阿茲特克、馬雅文明，也有月兔傳說

事實上，月亮和兔子的關係，不僅古印度和古中國有，在全球不少民族的神話傳說中都有。阿茲特克（按：十四至十六世紀，存在於墨西哥的古代文明）神話中，當世界混沌初開的時候，天地一片昏暗，沒有一絲光亮。於是，眾神聚集在特奧蒂瓦坎（按：Teotihuacán，阿茲特克人認為此處為眾神誕生地），商量派哪一位神祇去把宇宙照亮。

有位叫特克西特克托（Tecciztecatl）的神，和老神明納納華津（Nanahuatzin）

接受這個任務。納納華津先變成太陽，特克西特克托也變成另一顆太陽，兩顆太陽一起升起時，世界變得過於明亮。於是其他神明便靈機一動，把一隻兔子扔到特克西特克托的臉上，他就變暗了，成為現在月亮的樣子。

瓜地馬拉南部高地的馬雅部族基切（K'iche'）人流傳的馬雅創世神話《波波爾．烏》（*Popol Vuh*）中記載，玉米神被冥王殺死後，其二子深入冥界，在兔子的幫助下戰勝冥界諸神，成功讓父親復活。於是，哥哥成為太陽神，弟弟成為月神，兔子則成了月神的寵物。學者在馬雅城遺址挖掘出的雕像，確實也有月神與兔子的身影。

中國社會科學院考古研究所研究員李新偉曾撰文指出，在波士頓美術館收藏的一件筒形杯上，彩繪有月亮女神哺乳兔子的畫面；而普林斯頓大學藝術博物館（Princeton University Art Museum）藏一件著名繪畫筒形杯，上頭生動描繪月亮女神和兔子，協助英雄兄弟智鬥冥王的故事。

除此之外，非洲、北美州乃至中國瑤族的神話中，都有月亮與兔子相聯繫的傳說故事。

我們可以推想，**兔子和月亮故事的出現，大約和古人觀月時的想像有關。**要是仔細觀察月海[9]，確實有點像兔子。

而且，兔子和月亮還有更深入的關係。兔子生產的週期，正好是約一個月的時間，且總是習慣在晚上生產，這和月亮一月一次的週期，以及晚上明亮的形態很接

▲〈梧桐雙兔圖〉（清代，冷枚繪），似為中秋佳節而作。現藏於北京故宮博物院。

近。因此，不同民族的人們不約而同選擇用兔子來指代月亮，是可以理解的。

文學中的玉兔形象

即使扣除屈原〈天問〉，中國文學中仍有不少關於玉兔的詩歌。魏晉時期著名的文學家、思想家傅玄，曾經模仿屈原〈天問〉撰寫〈擬天問〉，其中一句就是「月中何有？白兔搗藥」。

宋代歐陽修曾寫過一首〈白兔詩〉，其中寫道：「天冥冥，雲濛濛，白兔搗藥姮娥宮。」

南宋陸游也曾藉「金丹九轉徒可聞，玉兔千年空搗藥」的修道艱難，抒發對時光易逝的感慨。陸游還曾經夢見自己變成神仙，飛行在天空之上遊覽：「白雲反在下，使我毛骨寒。天如玻璃鍾，倒覆湰銀海。素璧行其間，草木盡光彩。姮娥顧我

9　月球上比較低窪的平原。用肉眼遙望月球有些暗色斑塊，這些大面積的陰暗區就叫做月海。

笑，手撫玉兔兒。」在九天之上，他看見嫦娥仙子抱著兔子對他笑。

但若要論我們最熟悉的文學玉兔形象，則莫過於《西遊記》第九十五回中的玉兔精。

這一回的回目叫做「假合真形擒玉兔，真陰歸正會靈元」。孫悟空與這妖怪纏鬥半日，不分勝敗，只好使出絕招，把金箍棒丟起，以一變十，以十變百，以百變千，妖怪不敵，只好往碧空中逃命，又被西天門眾神攔下，只好回頭和猴子拚命。猴子這時候才看出來，這個妖怪的兵器非常獨特：「見那短棍兒一頭壯，一頭細，卻似春碓臼的杵頭模樣。」

這隻妖怪為了誇讚他的兵器，還念了一首詩，最後說：「這般器械名頭大，在你金箍棒子前。廣寒宮裡搗藥杵，打人一下命歸泉。」

後來這隻妖怪逃脫，孫悟空找到牠的巢穴，正準備一網打盡時，太陰星君帶著嫦娥前來求情，才解開謎底：「與你對敵的這個妖邪，是我廣寒宮搗玄霜仙藥之玉兔也。」

▲《真禪內印頓證虛凝法界金剛智經》中的月宮仙子與玉兔。《真禪內印頓證虛凝法界金剛智經》是明代專供帝王御覽所撰寫的佛典，其書法為明代「臺閣體」範本，收錄插圖 103 幅，署名為沈度書、商喜繪。現藏於臺北故宮博物院。

保佑男同志愛情的兔兒爺神

明、清時期，出現了祭拜兔兒神的傳統。明人紀坤《花王閣賸稿》中記載，當時「京師中秋節，多以泥摶兔形，衣冠踞坐如人狀，兒女祀而拜之」。

這種人身兔首的形象，很快成為盛行一時的中秋節民俗，尤其是在清代，其正式定名為「兔兒爺」。

清代詩人蔣士銓〈京師樂府詞〉十六首中，就有一首描寫了這種習俗：「月中不聞杵臼聲，搗藥使者功暫停。酬庸特許享時祭，摶泥範作千萬形。居然人身兔斯首，士農工商無不有。就中簪纓竊紳黻，不道衣冠藏土偶。持錢入市兒喧嘩，擔頭爭買兔兒爺。」

每到中秋節，人們就會競相購置兔兒爺，而街上銷售的攤鋪也備貨極多。清代楊靜亭的《都門雜詠》說，當時賣兔兒爺的攤鋪之多，已經「滿街爭擺兔兒山」。

這種習俗在民國時期還有流傳，老舍長篇小說《四世同堂》曾描寫這樣的細節：當時，日本人占據北京城。中秋之際，祁老人（書中角色）逛街時，「看見兩個兔兒爺攤子，都擺著許多大小不同的，五光十色的兔兒爺。在往年，他曾拉著兒子，或孫子，或重孫子，在這樣的攤子前一站，就站個把鐘頭，去欣賞，批評，和選購一兩個價錢小而手工細的泥兔兒。今天，他獨自由攤子前面過，他感到孤寂」。這樣的描寫，能看出兔兒爺在中秋節的流行程度。

在清代，還流傳另一種兔兒神的信仰，保佑男男相戀的愛情。袁枚《子不語》中詳細記載了這個故事。清代初年，某個按察御史到福建工作，當地有個叫胡天保的男子非常愛慕他，經常偷窺他。

某次，胡天保被按察御史抓住，詢問原因，他便大膽表白：「實見大人美貌，心不能忘。明知天上桂豈為凡鳥所集，然神魂飄蕩，不覺無禮至此。」按察御史大怒，就將他殺死。

過了一個月，死去的胡天保托夢給鄉親：「我以非禮之心干犯貴人，死固當然。畢竟是一片愛心，一時痴想，與尋常害人者不同。冥間官吏俱笑我、揶揄我，無怒我者。今陰官封我為兔兒神，專司人間男悅男之事，可為我立廟招香火。」後來，福建這一帶就立了不少祭祀他的廟宇。

除了泥塑的兔兒爺像，明代還有專門拜月用的月光紙，明人劉侗、于奕正合著的《帝京景物略》中詳細記載這種紙的樣式，上面繪有來自佛教的月光遍照菩薩，還有一隻搗藥的兔子。

這種月光紙在清代同樣很流行，也被稱作月光馬。富察敦崇《燕京歲時記》記載：「月光馬者，以紙為之，上繪太陰星君，如菩薩像，下繪月宮及搗藥之玉兔，人立而執杵。藻彩精緻，金碧輝煌，市肆間多賣之者。」這種紙張的用途，則是「向月而供之。焚香行禮，祭畢，與千張、元寶等一併焚之」。

14 哪吒（三太子），其實是外來神

二〇一九年七月，動畫電影《哪吒之魔童降世》在中國上映。這部電影在傳統故事的基礎上大膽創新，觀眾口碑一路上揚。不過，也有許多人覺得電影中的哪吒，和自己心目中原有的哪吒形象大為不同，因此認為這是「惡搞」傳統文化。

很多人對哪吒的印象，可能來自於《封神演義》、《西遊記》等小說。事實上，唐代以來，哪吒形象經歷多次變化，關於他的神話故事有多個源頭，故事本身也不斷創新。

大多數人會覺得哪吒是本土神仙，但其實論其源頭，**哪吒來自佛教傳說，算是外來神。不過，他曾經歷一番徹底的「中國化」**。

哪吒來自佛教傳說，最早出現在唐代

我們現在讀「哪吒」這兩個字，會發現它和漢字一般的讀音不同，就是因為這個詞最早是從梵語音譯而來。唐代長安大興善寺不空和尚翻譯的《北方毘沙門天王隨軍護法儀軌真言》、《北方毘沙門天王隨軍護法真言》、《毘沙門儀軌》等經典都提及哪吒，全名為那吒俱伐羅，是北方毘沙門天王的後輩。

唐昭宗時期的宰相鄭綮，寫過一本名為《開天傳信記》的書，裡面記載開元、天寶年間的三十多個故事。這本書裡記載了哪吒的傳說，說有佛教高僧道宣大師，夜裡行路不慎掉下臺階，快要墜地時，得到一位少年神祇幫助，這位少年告訴他自己並非常人，乃是「毘沙門天王哪吒太子也」。他還說自己一直守衛佛教，並把自己供養的佛牙送給道宣大師。

這是中國本土關於哪吒最早的文字記載，此時的哪吒形象是個少年，是四大天王中毘沙門天王（多聞天王）的太子，是一位守護佛教的護法神，他的其他傳說在這時還沒有出現。而道宣大師，歷史上真有其人，在中國佛教史上非常重要，他是中國的律宗初祖。

宋代出現哪吒「析肉還母，析骨還父」

在宋代的佛教禪宗史書《五燈會元》裡，哪吒的故事比唐代更加完整。《五燈會元．遂州圓禪師法嗣》記載：「哪吒太子析肉還母，析骨還父。然後現本身，運大神力，為父母說法。」比起唐代的簡單記載，還多了「析肉還母，析骨還父」的細節。

這個故事後來得到弘揚，我們熟悉的《西遊記》第八十三回裡，就描述了這件事。但和我們熟悉的傳說不太一樣的是，宋代的故事裡寫哪吒之所以這樣做，是為了度化父母，而不是要與父母「恩斷義絕」。

到了南宋，洪邁《夷堅志》記載有一位名叫元程法師的人，夜裡遇到怪物，原來是石精。程法師「持哪吒火球咒」，結印和石精鬥法，「俄而見火球自身後出，大與黑塊相擊，久之鏗然響進而滅」。他催動哪吒火球咒後，身後就出現大火球，大火球和黑色石精戰鬥，最終戰勝石頭精。這顯然是後來明代《封神演義》中，哪吒大戰石磯娘娘這個故事的原型。晚清著名學者俞樾在《小浮梅閒話》中還認為，這個故事裡的火球，也是後來哪吒風火輪的基本原型。

哪吒故事的關鍵字：托塔天王李靖、東海龍王出現

宋末元初，哪吒被搬上雜劇舞臺。元人雜劇《二郎神醉射鎖魔鏡》中就有哪吒出場：「小聖乃哪吒神也，為因小聖降十大魔君……俺這壁哪吒出馬，三頭颩颩，

▲ 敦煌莫高窟，毘沙門天王壁畫。毘沙門天王，也就是多聞天王，是佛教四大天王之一，印度神話中的北方守護神、知識神、財神。

六臂輝輝，三頭颱颱顯神通，六臂輝輝降妖怪……哪吒怒從心上起，顯著那三頭六臂，六般兵器……。」這時的哪吒，已經擁有三頭六臂的形象。

元代至明代，哪吒的形象更加豐滿，並呈現佛、道融合的趨勢。源於元代、刊刻於明代的《三教源流搜神大全》中記載的哪吒，已經和我們現在看到的形象非常接近。這時的記載說，哪吒本是玉皇駕下的大羅仙，身長六丈，頭戴金輪，三頭九眼八臂。只因世間多妖魔，玉帝命他下凡降除，故托胎於托塔天王李靖之妻，為李靖的第三子。

哪吒降生後不久，去東海沐浴時，惹惱龍王，他殺死龍王太子，又射死諸魔領袖石磯娘娘之子，致使李靖非常生氣。於是，哪吒割肉剔骨送還父親，而抱真靈求全於佛祖。佛祖便以荷菱為骨，蓮藕為肉，蓮葉為衣，

▲清代《三教源流搜神大全》中的哪吒畫像。

使其復活，並授以法輪密旨及「木長子」三字。哪吒從此便能大能小，能透河入海、移星轉鬥。後被玉帝封為三十六員第一總領使，天神之領袖，永鎮天門。

從這個故事中可以看出，哪吒形象已融入非常多的道教元素，但復活哪吒的卻是佛祖，呈現出佛、道融合的新趨勢。同時，**托塔天王李靖、東海龍王、石磯娘娘、蓮花化身等關鍵字都已經出現，和後代傳說已非常接近。**

《封神演義》、《西遊記》，確立哪吒長相

我們熟知的哪吒，其形象大多來自明代小說《封神演義》和《西遊記》。和元代記載相比，《封神演義》中的記載，細節更加豐富精彩，例如哪吒鬧海的故事，元代只是短短幾句話帶過，但在明代小說中就變得非常飽滿了。

與元代記載不同的是，《封神演義》中哪吒的老師，從佛祖改為乾元山金光洞太乙真人。

《西遊記》第八十三回中，也以長篇幅回顧哪吒的生平。但和《封神演義》不同的是，《西遊記》中用蓮花讓哪吒起死回生的，也是西方佛祖。事實上，太乙真

人這個形象，是《封神演義》原創。

這個時期，哪吒成為頗具人氣的全民偶像，他的外貌也開始清晰起來。對哪吒的長相著墨最多的，當屬《封神演義》。在這部成書於明代中期的小說中，哪吒的形象大概分為三個階段。

第一個形象是哪吒出生。在第十二回，描寫哪吒剛剛出生時：「有一肉球，滴溜溜圓轉如輪。李靖大驚，望肉球上一劍砍去，劃然有聲。分開肉球，跳出一個小孩兒來，滿地紅光，面如傅粉，右手套一金鐲，肚腹上圍著一塊紅綾，金光射目。」這時的哪吒，是個白白嫩嫩的嬰兒。

第二個形象是蓮花化身。第十四回，太乙真人用蓮花荷葉復活哪吒，描述是：「只聽得響一聲，跳起一個人來，面如傅粉，唇似塗朱，眼運精光，身長一丈六尺，此乃哪吒蓮花化身。」長相英俊，臉色自然白皙，就好像上了粉。雖然唇紅齒白，但身高實在驚人：如果按商代比例換算，一丈六尺相當於今日的兩公尺七十公分，按明代比例換算，更是有近五公尺高，這顯然是藝術的誇張描寫。

第三個形象則是三頭八臂。在第七十六回，太乙真人傳授了哪吒三頭八臂的神通，當時的形象是：「面如藍靛，髮似朱砂，丫丫叉叉，七八隻手。」藍靛是一種成熟後紫黑色的中藥，所以他此時樣貌非常凶惡，黑臉紅髮，和原來可愛童子的形象大不相同。

在《西遊記》中，哪吒雖然已成年，但還是兒童形象。在第四回中，說他「總角才遮囟，披毛未苫肩。神奇多敏悟，骨秀更清妍」，是一個尚未成年的可愛小男孩形象，以至於孫悟空罵他：「小太子，你的奶牙尚未退，胎毛尚未乾。」**這個形**

▲ 民國時期石印本《封神演義》。

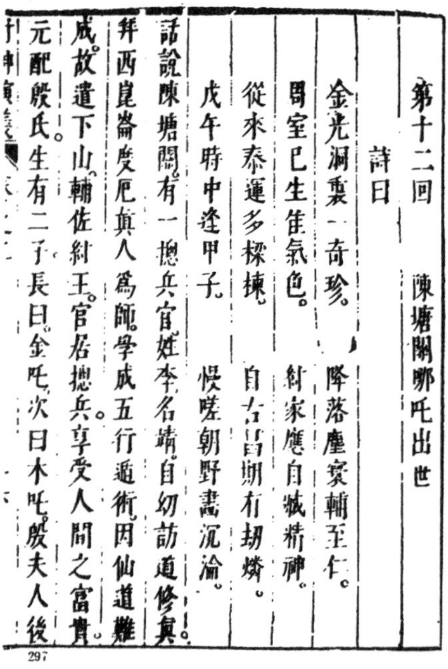
第十二回　陳塘關哪吒出世

詩曰

金光洞裏一奇珍。降落塵寰輔至仁。
周室已生佳氣色。紂家應自減精神。
從來泰運多樑棟。自古昌期有劫燐。
戊午時中逢甲子。悮嗟朝野盡沉淪。

話說陳塘關。有一總兵官。姓李名靖。自幼訪道修真。拜西崑崙度厄真人爲師。學成五行遁術。因仙道難成。故遣下山。輔佐紂王。官居總兵。享受人間之富貴。元配殷氏。生有二子。長曰金吒。次曰木吒。殷夫人後

297

▲《封神演義》第十二回「陳塘關哪吒出世」書頁。

象深入人心，清代的哪吒廟中，供奉的神像往往就是這個樣態。一九七〇年代以來，**各種相關的動畫和電視劇中的哪吒，基本上也是塑造成兒童的形象。《封神演義》等小說的影響力非常大，甚至影響了中國民間信仰。這部小說中許多原創角色，後來都成為道教和民間信仰中的神仙，**書中的重要角色哪吒，也成為民間信仰崇拜與祭祀的對象。例如澳門大三巴哪吒廟，已被列入世界文化遺產。

而在四川等地也有哪吒行宮。這是因為明代以後，隨著民間傳說的發展，有人開始認為哪吒出生在四川。

當然，跟許多名人一樣，「哪吒故里」也有不少城市爭奪，據說四川宜賓、四川江油、天津陳塘莊、河南南陽等地，都宣稱哪吒是當地的孩子。在臺灣，道教宮觀中的三太子塑像非常普遍，形成獨特的三太子信仰文化。

從以上的敘述可以看出，哪吒源於佛教，本來不是中國小孩，但他的精彩故事，都是在其中國化的過程中逐漸形成。

哪吒在中國文字記載，最早出現在唐代，此後故事逐漸豐滿生動，在元代時已經成為佛、道合一的神靈，而明代的《封神演義》等小說，進一步塑造其傳說細節，並使其在民間得到廣泛信仰，從此哪吒傳說成為人人皆知的故事，甚至成為重要的宗教信仰。

近幾十年，以哪吒為原型的各種動畫片，例如經典作品《哪吒鬧海》（按：一九七九年中國動畫電影），乃至《哪吒之魔童降世》，都在明代小說的基礎上再創新，為哪吒形象增添更多亮點。

15 灶神的原型，居然是隻蟑螂

「上天言好事，回宮降吉祥」，在微波爐、瓦斯爐等器具還沒有普及的年代，灶是一個家庭重要的生活空間之一，灶王神的地位也極為崇高。開頭這對祭灶對聯，就是每到祭灶節（按：也稱為小年、灶王節，為農曆十二月二十四日）這天，上至天子，下至百姓，家家戶戶貼在灶前的祈願。

人們相信，灶王神是上天安排在每戶家庭的監督者，掌握著這戶人家每個成員這一年的善行、惡念，祭灶節這天，灶王神會起駕回到天上，在過年前向玉帝細細稟告善惡，作為「善有善報、惡有惡報」的依據。而來年家庭的運勢好壞，全繫之於灶王的報告，所以人們期望他能多言好事、帶來吉祥。灶神的重要性，絕非僅在於守護廚房，而是全家的守護神。

宋代以來，逐漸定型的民間重要神靈中，灶王神和廁神受科技進步的衝擊最大，城市中的廚房和廁所，與古代社會已有極大不同，這兩位神靈也面臨祭祀者越來越少的窘境。

但從另一方面來說，回顧灶王神信仰和祭灶習俗的發展歷程，其實是一個理解文化的有趣視角。

古人認為，灶神就是火神「祝融」

大多數人對漢族古代神話的印象中，火神叫祝融，水神是共工。火神管火，灶神也管火，那灶神和火神有什麼關係呢？

事實上，**在先秦時期，很多人顯然認為灶神就是祝融**。所以東漢應劭《風俗通義．祀典》引古《周禮說》：「顓頊氏有子曰黎，為祝融，祀以為灶神。」這句話清楚表達兩項資訊：第一，灶神就是祝融；第二，祝融的名字叫黎，是顓頊（按：中國歷史傳說人物，為五帝之一）的兒子。

神話時期的人物關係非常複雜，學術界至今眾說紛紜，不管是顓頊還是祝融，其具體身分都有不少於十種的考證。但不論如何，我們可以知道在東漢時期，灶神和火神「一個班子，兩塊牌子」，其實就是同一個人。

漢代以後，灶神祝融的身分細節越來越清晰、全面。大概是大家覺得祝融這個名字過於大氣，和充滿世俗氣息的灶神不夠協調，南朝梁宗懍《荊楚歲時記》引許慎《五經異義》云：「顓頊有子曰黎，為祝融火正。**祝融為灶神，姓蘇名吉利，婦姓王名搏頰。」祝融為顓頊之子黎的身分保留下來之外，還多了一個「蘇吉利」這樣富有鄉土氣息的俗名。**吉利可能是秦、漢時人很喜歡的名字，我們熟悉的漢末梟雄曹操，據說就是小名吉利，小字阿瞞。

或許是怕祝融一個人分管灶火太過寂寞，大家還為他搭配了一個名為「王搏頰」的夫人。灶神夫人的名字很有畫面感，「搏」讀音

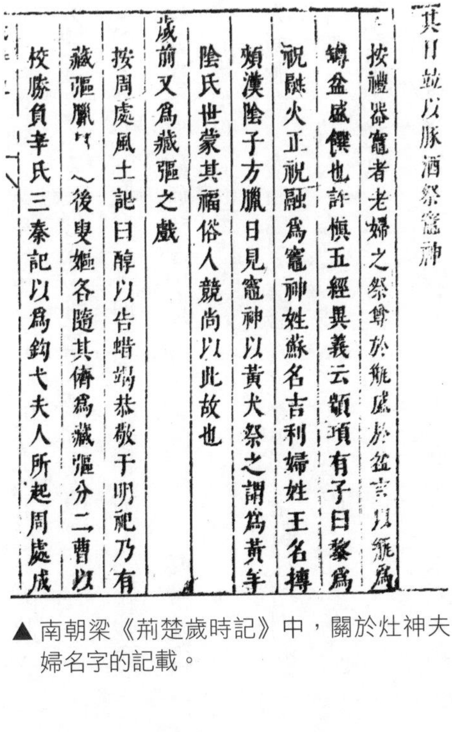

其日並以豚酒祭竈神
按禮器竈者老婦之祭尊於瓶盛於盆言以瓶為罇盆盛饌也許慎五經異義云顓頊有子曰黎為祝融火正祝融為竈神姓蘇名吉利婦姓王名搏頰漢陰子方臘日見竈神以黃犬祭之謂為黃羊陰氏世蒙其福俗人競尚以此故也
歲前又為藏彄之戲
按周處風土記曰醇以告蜡竭恭敬于明祀乃有藏彄臘之後叟嫗各隨其儕為藏彄分二曹以校勝負辛氏三秦記以為鉤弋夫人所起周處成

▲南朝梁《荊楚歲時記》中，關於灶神夫婦名字的記載。

同「團」，意思是把東西揉成球形，「搏頰」就是揉捏著臉頰的少女形象。因此，每次看到明、清版畫裡把灶神夫人畫成老太太的形象，就讓人感到失落。

清代翟灝《通俗編》也引用許慎《五經異義》，但又多出幾句話：「灶神姓蘇，名吉利。或云姓張，名單，字子郭。其婦姓王，名搏頰，字卿忌。」又替灶神增加了「張子郭」這個名字，還替王搏頰取了很獨特的字。

《通俗編》多出來的文字，大概源自《後漢書．陰識傳》的唐代李賢注所引的《雜五行書》：「灶神名禪，字子郭，衣黃衣，夜被（披）髮從灶中出，知其名呼之，可除凶惡。」這裡就提到灶神名禪字子郭。

唐代段成式的《酉陽雜俎》，也提及灶神「又姓張名單，字子郭。夫人字卿忌。」但段成式又給灶神的一個新名字：「灶神名隗。」所以，灶神究竟叫什麼名字，早已成為莫衷一是的謎團。

此外，在明、清時代民間流傳的《灶王經》中，灶神還有張自國、張仁等姓名。而自唐代以來，人們大多認為灶神姓張，有學者推測這是受到道教張天師信仰的影響。

也有人說，灶神是火神「炎帝」

和古代很多民間信仰中的神靈一樣，灶王神的來源並不簡單。前面提到，先秦時許多人認為灶神就是火神，也就是祝融。

但問題在於，「火神」這個頭銜也有不少競爭者。因此，也有一派人認為，灶神確實是火神，但這個火神乃是炎帝。

這個說法的源頭可能是《淮南子》，其中提到「炎帝作火，死而為灶。禹勞力天下，死而為社。」高誘注：「炎帝、神農，以火德王天下，死托祀於灶神。」但是，炎帝的地位太高，一般家庭的灶事又實在太過尋常無奇，所以有很多人提出反對意見，這個說法在後代就漸漸式微了。

我們可以從文化發展的角度來看灶神與火神的關係。在掌握火之前，先民實際上處於「茹毛飲血」的飲食狀態。《禮記》追溯當時的生活：「昔者，先王未有宮室，冬則盡營窟，夏則居橧巢；未有火化，食草木之實，鳥獸之肉，飲其血，茹其毛；未有麻絲，衣其羽衣。」當時的人們，和其他動物的生存狀態並沒有太大差異。這種飲食方式導致古人疾病頻

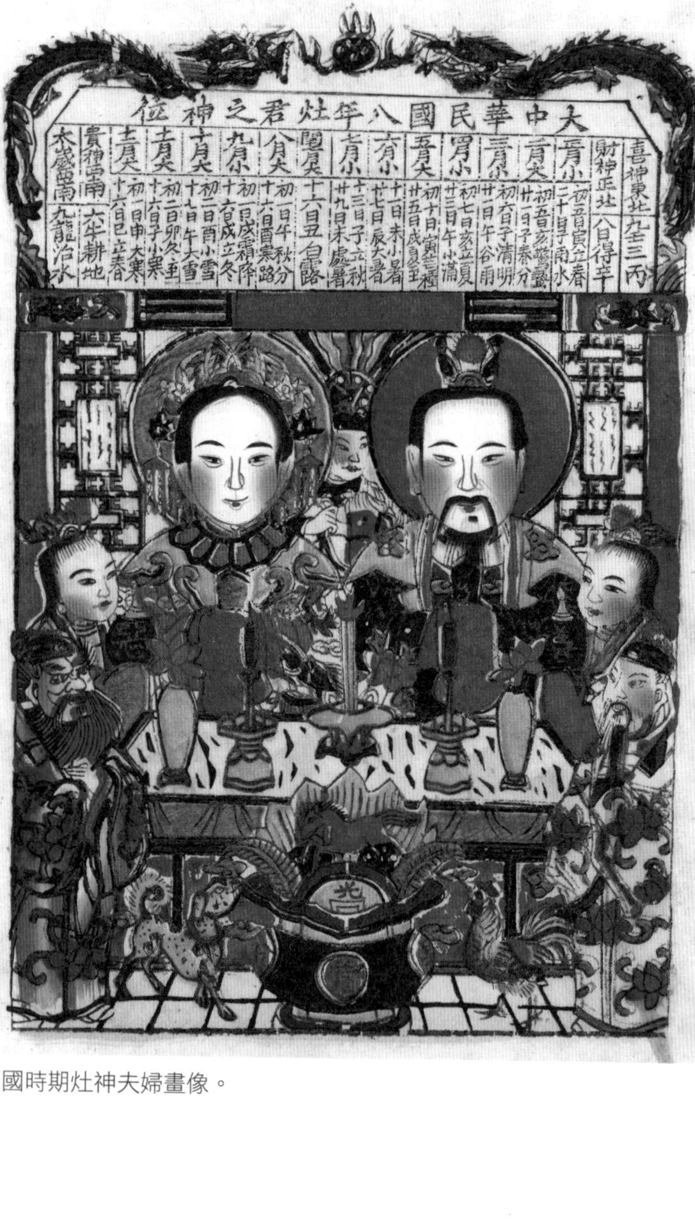

▲ 民國時期灶神夫婦畫像。

繁，壽命短暫。《韓非子》說：「上古之世，民食果蓏蚌蛤，腥臊惡臭而傷害腸胃，民多疾病。」

先民掌握了火以後，最早的應用就是在飲食領域，火為人們帶來了與茹毛飲血時期截然不同的食物。《釋名》說：「灶，造也，創食物也。」這種全新的飲食生態，其實就是「灶」。因此，人們將火神與灶神看作是同一個人，是自然而然的事。

灶的出現當然在掌握了火之後，但從考古角度來看，古人使用灶的時間也極早。一九八〇年代，考古學家曾在陝西寶雞市福臨堡仰

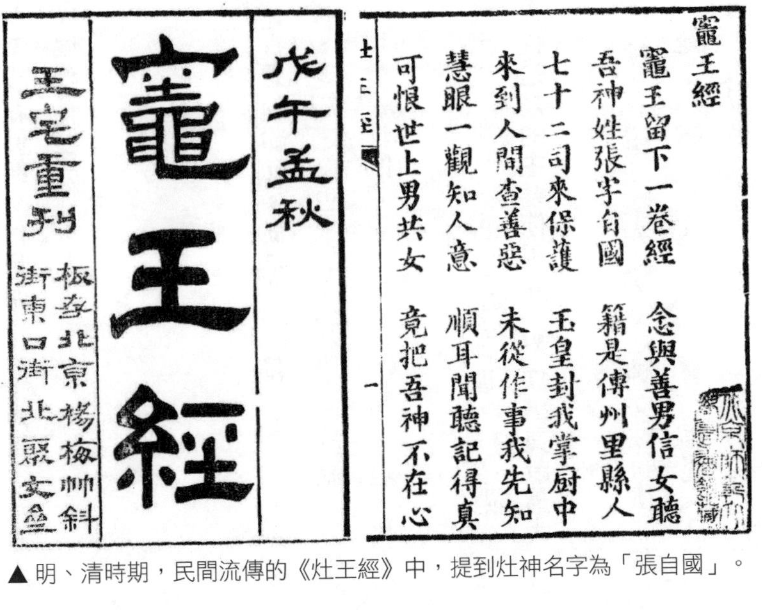
竈王經
竈王留下一卷經　念與善男信女聽
吾神姓張字自國　籍是傳州里縣人
七十二司來保護　玉皇封我掌廚中
來到人間查善惡　未從作事我先知
慧眼一觀知人意　順耳聞聽記得真
可恨世上男共女　竟把吾神不在心

戊午孟秋
竈王經
王宅重刊　板存北京楊梅竹斜街東口街北聚文齋

▲明、清時期，民間流傳的《灶王經》中，提到灶神名字為「張自國」。

韶遺址中，發現非常精巧的釜灶，這說明至少在仰韶文化時期（按：約為西元前五〇〇〇年—西元前二七〇〇年），古人就已經在使用灶了。

灶王神的原型是一隻蟑螂？

灶王神到底長什麼樣子呢？古代典籍裡眾說紛紜。**從早期的記載來看，灶神似乎一度是女性形象。**《禮記》云：「奧者，老婦之祭也，故盛於盆，尊於瓶。」學術界一般認為這裡的「奧」就是「爨」，也就是灶的意思。灶祭的對象，是一位老婦人。

《漢書．郊祀志》「族人炊之屬」注云：「先炊，古炊母之神也。」學術界一般認為，這是對母系氏族社會的回憶，**女性是灶的主要使用者，對炊事貢獻最大，灶神也就以女性氏族首領為原型。**

到了後代，男性地位抬升，灶神逐漸轉變為男性，在繼承灶神女性特徵的基礎上，對其性別做了大膽調整。《莊子．達生》說：「灶有髻。」晉司馬彪《莊子注》解釋：「灶神，其狀如美女，著赤衣，名髻也。」

「狀如美女」四個字很耐人尋味，看起來像美女，那就是說他其實不是美女，而是男子。

前文討論灶神與祝融的關係時，漢代至唐代人們一直致力於替祝融取名和搭配夫人，自然沒有考慮過他是女性。

到了元代以後，灶神的形象就是大鬍子、黑臉，完全拋棄女性特徵，但在道教《太上洞玄靈寶補謝灶王經》中，還保留了灶王老婦人的形象：「崑崙之山，有一老母獨處其中。」

當代的研究者們，也針對灶神信仰的起源提出不少新說。其中，最富有想像力的，莫過於著名神話學家袁珂。他在〈漫話灶神和祭灶〉一文提出，**灶神的來源，其實就是古人灶頭常見的蟑螂。**

袁珂引用古人「灶神為顓頊之子窮蟬」的記載，經過一系列考證，認為蟬是灶頭一種像蟬的動物，也就是我們所說的蟑螂。另外，他也提出先前所引用的《莊子》「灶有髻」的「髻」字、《風俗通義》裡「顓頊氏有子曰黎，為祝融」的「黎」字，以及後來說祝融叫「蘇吉利」的「吉利」等，都是「蛣」字的假借和變化，其實就是蟑螂。

為什麼在農曆十二月二十四日祭灶？

前面說了不少關於灶王的形象和故事，那麼灶王和小年又是什麼關係？實際上，灶神祭祀在先秦已經很普遍，《禮記》裡就有關於灶祭的描寫。

此外，《論語》裡也提到「與其媚於奧，寧媚於灶」。這是當時流行的俗語，衛靈公的大臣王孫賈，就問孔子這句話是什麼意思。奧指的是房屋內西南角，供奉家神的地方。這句話就是說，與其供奉家神，不如供奉灶神。為什麼？因為灶神與生活息息相關，雖然地位低，但有實權在手。王孫賈大概是想用這句話來暗示孔子，自己就相當於是有實權在手的灶神。而從這句話也可以看出，當時祭祀灶神已是非常普遍的社會現象了。

先秦兩漢祭祀灶神是在夏天，《禮記．月令》說：「仲夏之月，日在東井……其祀灶，祭先肺。」班固撰《白虎通義》卷二〈五祀〉說：「夏祭灶。灶者，火之主，人所以自養也。」夏天天候炎熱，與灶火有共通之處。漢武帝曾經被鼓吹祭灶的方士李少君和齊少翁蠱惑，親自主持過祭灶。

到了**魏晉以後，因為灶神曾在臘日（臘月初八）顯靈，讓不少人紛紛改為臘日**

祭灶，距離後世小年的時間近了一大步。

這個顯靈故事，在當時影響很大，《漢紀》和《後漢書》等書中都有記載，但以干寶《搜神記》卷四中的故事最為清晰。

漢宣帝時，南陽有個叫陰子方的孝順年輕人，很喜歡做善事，還積極舉行祭灶活動，感動了灶神。某年臘月八日，他早上燒火做飯時，灶神便突然顯靈了。但是，陰子方身邊也沒有準備什麼祭品，就把一隻黃羊（這裡指的是一種黃色的狗）獻給灶神。

灶神對他的奉獻非常滿意，從這天開始，他們家就一步步致富，家有田地七百多公頃，奴僕和皇宮一樣多，後代子孫更是貴不可言，三代人裡有四個封侯，牧守（州郡長官）出了十幾個。大家看他們家祭祀灶神這麼靈驗，就紛紛在臘日用黃羊祭祀灶神了。

南朝梁宗懍的《荊楚歲時記》也提到：「其日（臘日），並以豚酒祭灶神。」祭灶神的日子還是在臘日，只不過祭祀的犧牲品，從黃羊換成了豬。

而周處《風土記》中記載：「臘月二十四日夜，祀灶，謂灶神翌日上天，白一歲事，故先一日祀之。」江蘇一帶最早開始在臘月二十四日晚上祭灶，且逐漸影響到全國。

到了宋代，臘月二十四日被稱為「交年節」，祭灶固定在這天晚上。北宋呂原明《歲時雜記》云：「十二月二十四日，謂之交年節。」兩宋之交的孟元老在《東京夢華錄》裡也提到：「二十四日交年，都人至夜請僧道看經，備酒果送神。」南宋吳自牧《夢粱錄》則說：「二十四日，不以窮富，皆備蔬食餳豆祀灶。」南宋詩人范成大對這一節日的生動描述，記錄在〈祭灶詞〉之中：「古傳臘月二十四，灶君朝天欲言事。雲車風馬小留連，家有杯盤豐典祀。」

宋代的交年節，就是現在的祭灶節（小年）。這時期因為受到佛教和道教的影響，祭祀時普遍使用果蔬。整個明代，祭灶也都是在臘月二十四日，同樣稱之為交年。

現今中國北方地區常以臘月

▲清代《三校源流搜神大全》中的灶神畫像。

二十三日為小年，是從清代宮廷中傳承下來。自雍正帝起，每年臘月二十三日在坤寧宮祀神，但是第二天還要祭灶，為了省事，乾脆就在二十三日這天一併送灶。《清史稿・禮三》記載：「惟十二月二十三日，宮中祀灶以為常。」後來還有「官三、民四、蜑（音同「旦」）家五」的說法（按：指官府在臘月二十三日祭灶，一般平民在二十四日，漁民船家則在二十五日）。

北方地區受宮廷影響，多以二十三日為小年。南方地區則大多保持唐、宋以來二十四日小年的傳統。中國各地小年日期不同，但大概都在這兩天。

巴結灶神的祭祀法：喝酒、吃糖，還送馬匹

古代有種司命神的信仰，這些神靈居住在人間，負責監看人們的一舉一動。到了魏晉時期，道教徒開始把司命神和灶神聯繫起來，葛洪在《抱朴子》裡說：「又月晦之夜，灶神亦上天白人罪狀。」

根據史學家王國維考證，**唐、宋時期，司命和灶神就徹底合二為一，灶神記錄善惡、上天告狀的職能從此固定**，著名的《太上感應篇》就將灶神稱為「司命灶君

之神」。

清代《敬灶全書．真君勸善文》也記載：「灶神乃東廚司命，受一家香火，保一家康泰，察一家善惡，奏一家功過。每逢庚申日，上奏玉帝，終月則算。功多者，三年之後，天必降之福壽。過多者，三年之後，天必降之災殃。」

為了**討好灶君，讓祂能夠「上天言好事」**，古人們想出各種各樣的辦法。

方法之一就是迷醉。《東京夢華錄》記載臘月二十四日這天，人們「以酒糟塗抹灶門，謂之『醉司命』」。大家**把酒糟塗抹在自家灶門口，希望能夠讓灶神醉醺醺上天，而忘記說自己的壞話**。

喝酒往往誤事，這是古往今來人們所共有的教訓。所以，佛陀便要求出家弟子不能飲酒，在早期翻譯為漢文的《佛說出家緣經》中，特別指出「飲酒有三十五惡」，把喝酒的壞處總結為三十五條。但是，聰明的古人居然發現酒能迷醉灶神，真是妙用！

南宋詩人范成大〈祭灶詞〉便說：「送君醉飽登天門，杓長杓短勿復云，乞取利市歸來分！」

方法之二則是嘴上抹糖。宋代以來的祭灶活動，必不可少的祭祀品就是蜜糖或甜食，這顯然是**希望灶神能夠多吃甜食，上天後多講「甜言蜜語」**。南宋吳自牧《夢粱錄》中提到，祭灶神貢品有能黏住牙齒的「膠牙餳」，而范成大《吳郡志》也記載：「二十四日祀灶，用膠牙餳，謂膠其口，使不得言。」南宋末年周密《武林舊事》記載有「花米餳餌」、「糖豆粥」，把這些稱作「口數」，就是為了討好灶神。

明代也有不少相關記載。例如馮應京《月令廣義》：「別具小糖餅奉灶君。」劉侗、于奕正所著《帝京景物略》也說：「二十四日以糖劑餅、黍糕、棗栗、胡桃、炒豆祀灶君。」田汝成輯撰《西湖遊覽志餘》：「十二月二十四日，謂之交年，民間祀灶，以膠牙餳、糯米花糖、豆粉團為獻。」這些甜點貢品，都延續了這一傳統。

而清代直到民國，這個方法依然保留下來，魯迅在一九〇一年〈庚子送灶即事〉這首詩中就有「只雞膠牙糖，典衣供瓣香」的描述。

方法之三是以交通工具賄賂。宋代孟元老《東京夢華錄》說，這一天要「帖灶馬於灶上」。灶馬是一種刻印著馬的紙張，目的是**送灶神一匹可以上天的馬。人們期望藉由贊助灶神交通工具，換取祂的美言**。

到了明代，人們連這匹馬也開始賄賂。馮應京《月令廣義》說這天「以黑豆寸草為秣馬具」，《帝京景物略》記載「以糟草秣灶君馬」。

清代，人們依舊樂此不疲，清初潘榮陛《帝京歲時紀勝》記載人們在這一天「飼神馬以香糟炒豆」，清末富察敦崇《燕京歲時記》說：「糟者所以祀神也，清水草豆者所以祀神馬也。」

在清代，祭祀灶神的流程已經完全定型，顧祿（按：清代文學家，號稱才子，其著作連日本人也爭相印刷）撰《清嘉錄》卷十二裡的記載最為全面：「俗呼臘月二十四夜為念四夜，是夜送灶，謂之送灶界。比戶以膠牙餳祀之，俗稱糖元寶。又以米粉裹豆沙餡為餌，名曰謝灶糰。祭時婦女不得預。先期，僧尼分貽檀越灶經，至是，填寫姓氏，焚化禳災。篝鐙載灶馬，穿竹箸作槓，為灶神之轎，舁神上天，焚送門外，火光如晝。撥灰中篝盤未燼者，納還灶中，謂之接元寶。稻草寸斷，和青豆，為神秣馬具，撒屋頂，俗呼馬料豆。以其餘食之，眼亮。」

灶神信仰的影響力，在於鼓勵人們多行善事，莫存惡念，因為人的一舉一動都有灶神監督，還會一年一度上報天庭，定功過、降福殃。

此外，灶神信仰不僅在中國影響深遠，也傳入周邊漢文化圈國家，韓國、越南

等地灶神信仰，也一度是全民參與的重要信仰活動。不過，隨著時代發展，各國的灶神信仰逐漸式微。

16 中國第一個「春節」，在一九一四年

「春節」這個詞，出現在中國歷史上是非常晚近的事。民國以前，大年初一都稱作「元旦」或「元日」，這個名稱由來極古，在先秦《尚書．舜典》中就已出現。一直到辛亥革命以後，開始採用西曆，才把元旦這個詞讓給西曆一月一日，並將傳統的元旦改為春節。中國第一個「春節」在一九一四年，距今不過百年時間。

古人怎麼過年？喝酒、吃辣！

古人過年要吃五辛盤、喝屠蘇酒。這種風氣從先秦就開始，一直到現在仍有部分地區保留一些流風餘韻。

《莊子》記載：「春日飲酒茹蔥，以通五臟也。」南朝宗懍《荊楚歲時記》

的紀錄更加詳細，說元日這一天「長幼悉正衣冠，以次拜賀。進椒柏酒，飲桃湯。進屠蘇酒，膠牙餳。下五辛盤。進敷於散，服卻鬼丸。各進一雞子」。周處《風土記》記載：「元日造五辛盤。」

什麼是五辛盤呢？

《風土記》的注說：「五辛所以發五臟之氣，即大蒜、小蒜、韭菜、蕓薹、胡荽是也（按：即今日的蔥、蒜、韭菜、油菜與香菜）。」其實就是以薄餅捲入上述這五種生菜食用。**因為是春節的節令食物，五辛盤也往往叫春盤**。東漢崔寔的《四民月令》：「立春日食生菜，取迎新之意。」

雖然習俗要吃這五種辛辣食物，但也有些人會更換為其他菜蔬。例如《類腋·天部·正月》引唐代《四時寶鏡》：「東晉李鄂，立春日命以蘆菔、芹芽為春盤，相饋貺。」蘆菔就是蘿蔔。

後來，春盤吃蘿蔔被廣大弘揚，尤其在明、清以後，春盤還特別選擇水紅蘿蔔，並且取了一個特別的名字，叫做「咬春」。清代潘榮陛在《帝京歲時紀勝》裡寫道：「新春日獻辛盤。雖士庶之家，亦必割雞豚，炊麵餅，而雜以生菜、青韭菜、羊角蔥，沖和合菜皮，兼生食水紅蘿蔔，名曰咬春。」

喝酒當然也是這一天的重要事項。例如前述的《莊子》中就提到春日飲酒，南朝《荊楚歲時記》裡更記錄了兩種酒，一是椒柏酒，一是屠蘇酒。

《荊楚歲時記》中記載：「俗有歲首用椒酒。椒花芬香，故採花以貢樽。正月飲酒先小者，以小者得歲，先酒賀之。老者失歲，故後與酒。」

而屠蘇酒似乎在後代更流行，例如宋代王安石非常有名的〈元日〉詩裡就說：「爆竹聲中一歲除，春風送暖入屠蘇。」

這天喝酒，次序也很講究，要從年齡小者開始，老人最後喝。因為小孩子是多一歲，但對老人來說，這是生命逝去一年。所以，宋代蘇轍〈除日〉詩裡有一句：「年年最後飲屠蘇，不覺年來七十餘。」他最後一個喝屠蘇酒，就因為是全家年齡最大的那個人。這句實際上也是他在感慨自己年華漸去。

而蘇轍的哥哥蘇軾就豪爽一些，他在〈除夜野宿常州城外〉詩中說：「但把窮愁博長健，不辭最後飲屠蘇。」意思就是只要自己身體健康，每年最後一個喝酒也沒什麼大不了的。

上面提到正月初一的飲食，在現代社會中已經不太流行了。我們更常見的是除夕晚上全家團圓吃的「年夜飯」。

此外，古人很早有除夕要守歲的傳統。西晉周處《風土記》記載，除夕之夜，各相與贈送，稱為「饋歲」；酒食相邀，稱為「別歲」；長幼聚飲，祝頌完備，稱為「分歲」；大家終夜不眠，以待天明，稱為「守歲」。這個時候的年夜飯還談不上豐盛，而越往後代，年夜飯就越受重視。據清宮檔案記載，乾隆四十九年，乾隆皇帝和家人們的除夕筵，單單豬肉就用了六十五斤（按：清代一斤約為五百九十六．八一六公克，六十五斤則約為三十九公斤），菜品就有六十多種。

大年初一民間遊樂，但官員不能放假

自漢至清，正旦朝會一直是宮廷內部慶祝新春的重要典禮，而且越至後代，禮儀規矩越繁瑣與森嚴。

漢代《漢官典職儀式選用》介紹了朝賀儀式：一是群臣覲見皇帝並進獻賀禮，最後為皇帝齊呼萬歲；二是在宮廷內賜酒擺筵，宴會在舞蹈與戲曲中進行；最後一步便是禮畢，群臣按規矩依次退場。

《東京夢華錄》裡詳細記載宋徽宗時期的元旦大朝會，參加者不僅包括宋朝的大臣，還有前來朝賀的各國使者，包括遼國、西夏國、高麗、南番交州、回紇、于闐、三佛齊（今蘇門答臘島一帶）、南蠻五姓番（今雲南一帶）、真臘（今柬埔寨一帶）、大理、大食（阿拉伯人所建立的伊斯蘭帝國）等。

而民間的活動自然更為歡樂。例如在北宋，正月初一叫年節，首都會特別開放「關撲」這種賭博遊戲，限時三天；在初一這天，大家會互相拜訪祝賀。此外，逛街也是大家的首選，街頭巷尾都是各種

▲〈太平春市圖〉（清代，丁觀鵬繪），描繪新春時節鄉間歡樂的景象。現藏於臺北故宮博物院。

食物點心、生活用品的攤子，以及臨時搭建的棚架，賣帽子、梳子、珠玉首飾、衣服、裝飾用假花、領巾、抹額（按：將布帛織錦裁製成條狀圍在額前，並多飾以刺繡或珠玉）、靴子、鞋子等商品，還有販售各種小玩意兒的攤商。不僅如此，也有專門表演歌舞的娛樂場所。行人來來往往，車水馬龍。

▲〈歲朝歡慶圖〉（清代，姚文瀚繪），描繪過年時的情景：小孩們在庭院遊戲，老人們坐在廳堂上聊天，婦女們忙碌的準備食物，家中僮僕也忙著張燈結綵。現藏於臺北故宮博物院。

南宋時期，正月初一這天還會賞燈，跟元宵節一樣。

沒辦法親自拜年？古人都送「明信片」

逢年過節，親朋好友互相祝福，是自古以來的傳統，但要在過年的短短幾天裡，逐一當面祝賀所有親友故交，確實有點困難。現代人一般都是用簡訊、社群平臺等群發拜年祝福，而**古人也有他們的應酬妙法，那就是群發明信片來代表祝福**。

《清波雜誌》載：「元祐年間，新年賀節，往往使用傭僕持名刺[10]代往。」這種名片也叫「飛帖」，以至於形成「拜年不必進府門，送上名片抵見人。各處賀歲皆如此，贈予紙店大筆金」的狀況。

不過，要接受這些飛帖也很累，許多人家乾脆就**在大門口放個過年專用信箱——用紅紙做成袋子貼在門口，用來接收這些「拜年明信片」**。

這種風氣一直持續到明、清。明代才子文徵明〈拜年〉詩云：「不求見面惟通謁，名紙朝來滿敝廬。我亦隨人投數紙，世情嫌簡不嫌虛。」清代《燕臺月令》則形容北京的過年期間「是月也，片子飛，空車走」。

以前的爆竹，燒的是真的竹子

隨著定點燃放和禁燃禁放政策的推行（按：臺灣關於一般爆竹煙火施放限制，由各地方政府制定法規，規定可施放地點及時間等），大城市裡的煙火爆竹越來越少見，環保過年，值得提倡。事實上，爆竹在中國也經歷了漫長的發展變化。

在先秦時期，就有燃燒竹木用來辟邪的習俗。過年與爆竹產生關聯，應該早在春秋時期就已出現，但最早可靠的記載見於《荊楚歲時記》：「雞鳴而起，先於庭前爆竹，以辟山臊惡鬼。」大年初一這天，雞鳴時分，家家戶戶都會早早起床，在庭前點燃爆竹，主要就是為了辟山臊惡鬼。

什麼是「山臊惡鬼」呢？據其引用漢代《神異經》所記載的傳說，在西方大山中，有一種只有一隻腳、身高尺餘的怪物，人要是遇到它，就會寒熱不調，容易生病，這個怪物就叫「山臊」。這種鬼最怕的，就是竹子在火裡燃燒時劈劈啪啪的聲

10 又稱「名帖」，古人拜訪別人時用的名片。

音。這種風俗後來就成為過年的標誌習俗。**這一時期還沒有發明火藥，所以爆竹都是燒真的竹子。**

而在唐代的詩作裡，有不少關於爆竹的內容。例如元稹〈生春二十首〉中，就有「何處生春早，春生稚戲中。亂騎殘爆竹，爭唾小旋風」的句子；張說〈岳州守歲〉也描述「桃枝堪辟惡，爆竹好驚眠」的跨年情形。

不過，要論關於爆竹最有名的詩句，莫過於北宋王安石的〈元日〉：「爆竹聲中一歲除，春風送暖入屠蘇。千門萬戶曈曈日，總把新桃換舊符。」在劈劈啪啪的爆竹聲中，送走了舊年，迎來了新年。人們飲美味的屠蘇酒時，又有和暖的春風撲面而來，好不愜意！

當然，也有老詩人會在爆竹聲中，因為感慨歲月流逝而傷心，例如劉克莊〈歲除〉中就寫道：「兒童燒爆竹，婦女治椒花。獨有龍鍾叟，淒涼感歲華。」

隨著火藥的發明，**唐代初年，人們把火藥裝到竹筒裡，用引線點燃，「爆竹」這個詞才變得名副其實**。到了宋代，則開始用紙筒代替竹子，爆竹就和今天我們所見的鞭炮很接近了。明、清時期，爆竹種類越來越多，清代《帝京歲時紀勝》中記載的爆竹就有雙響震天雷、升高三級浪、霸王鞭、竹節花、泥筒花、金盆撈月、疊

▲〈歲朝圖〉（清代，張宏繪）。歲朝圖是專為慶賀新年而作的畫，約起源於宋代宮廷。

落金錢等各種名稱，還有在地上盤旋的「地老鼠」、在水中的「水老鼠」等特色爆竹。《紅樓夢》裡也提到滿天星、九龍入雲、平地一聲雷、飛天十響等爆竹名稱。

金庸《神雕俠侶》中，有一個非常有名的場景：楊過在郭襄十六歲生日時，送上了三份禮物，其中第二件禮物是那晚襄陽城上空絢麗的煙火，在煙火爆炸之後，天空中出現一行字「恭祝郭二姑娘多福多壽」。並且以此為信號，焚燒蒙古大軍的糧草。很多讀者紛紛感慨，這是郭襄一生中收到最獨特的禮物。

在真實的歷史中，宋代煙火確實很先進。唐代時煙火已經出現，發展至宋代就更為先進，南宋《武林舊事》記載：「宮漏既深，始宣放煙火百餘架。於是樂聲四起，燭影縱橫。」書中還記載，正月初一這天「午後，修內司排辦晚筵於慶瑞殿，用煙火，進市食」。

至於明、清時期，煙火水準更高了，《紅樓夢》第五十四回，就有賈府在春節期間放煙火的記載：「賈蓉聽了，忙出去帶著小廝們就在院子內安下屏架，將煙火設吊齊備。這煙火俱系各處進貢之物，雖不甚大，卻極精緻，各色故事俱全，夾著各色的花炮。」

第三章

古人傳播資訊的速度，超乎你想像

17 考試規定嚴，字太醜罰飲墨水一升

每年高考（按：中國大學入學考試，「普通高等學校招生全國統一考試」的簡稱）期間，各省高考作文是最受關注的話題之一。語文考試甫一結束，作文題目曝光後立刻登上搜尋排行榜，享有其他科目和題型可望而不可即的待遇。據說，這是因為歷經生活摧殘的中年人，早已忘卻中學所學的種種知識，只能對作文題目尚可稍加點評之故。

以考試選拔人才，在中國由來已久。重要考試中，以文章作為遴選人才的主要項目，在古代也曾長期施行。當時的作文考什麼？又有哪些千古名篇，其實是考場揮筆寫就的滿分作文？

中國歷史上，類似現今考試作文形式的測驗，最早是漢代的策試。這是漢代賢良方正科或賢良文學科 11 的考察形式，實際上是皇帝主持的一場考試。

最早的大考滿分作文，出現在漢代

漢代策試往往由皇帝直接出題，各部門推薦的賢良做書面回答，就是所謂的「著之於篇」，有點類似我們現今寫在考試的答案卷上，只是當時紙張還沒有發明，所以是寫在竹簡上，故也稱為「簡策」。

而這裡作答完的答案卷，要「書之密之，重之閉之」，密封處理。但和現在大考不一樣的是，策試的閱卷者就是皇帝本人，他會從一百多位考生的答案卷中擇優表彰，而最優秀

◀清代的准考證「浮票」。考生拿到試卷時，上面會黏著寫有姓名、考試座次、編號及外貌的紙條，交卷時必須撕去浮票並保存，以備有疑義時比對之用。

11 賢良方正、賢良文學，是漢代舉薦官吏的制度。在漢代，賢良方正常與文學連稱，有時賢良與文學並立為二科，有時則連稱為賢良文學。

者往往可以直接升官。

漢文帝十五年（西元前一六五年）九月，漢文帝決定舉行一次這樣的考試，他下詔各諸侯、公卿、郡守舉薦賢良，還親自出了考題。

這是流傳至今最早的一道大考作文題，原題很長，約四百字，詳細說明考試的背景、題目和考試方法，以下摘錄其中一部分：「今朕獲執天子之正，以承宗廟之祀，朕既不德，又不敏，明弗能燭，而智不能治，此大夫之所著聞也。故詔有司、諸侯王、三公、九卿及主郡吏，各帥其志，以選賢良明於國家之大體，通於人事之終始，及能直言極諫者，各有人數，將以匡朕之不逮。二三大夫之行當此三道，朕甚嘉之，故登大夫於朝，親諭朕志。大夫其上三道之要，及永惟朕之不德，吏之不平，政之不宣，民之不寧，四者之闕，悉陳其志，毋有所隱。上以薦先帝之宗廟，下以興愚民之休利，著之於篇，朕親覽焉，觀大夫所以佐朕，至與不至。書之，周之密之，重之閉之。興自朕躬，大夫其正論，毋枉執事。」

這段話的大意，是漢文帝說自己治理國家有很多不足，所以出了一個大題目，希望有關部門、各諸侯、朝廷主要官員和各地方郡守，能夠推薦賢良人才來答題。

這個題目實際上就是「三道之要」和「四者之闕」。所謂「三道之要」，是

「國家大體」、「人事始終」和「直言極諫」，而所謂「四者之闕」，就是「朕之不德、吏之不平、政之不宣、民之不寧」。答題者要圍繞這兩大主題，給出自己的見解，屬於議論文的範疇。

該年，被推薦來答題的有一百餘人，其中晁錯同時得到平陽侯、汝陰侯、潁陰侯、廷尉和隴西太守五位諸侯大臣的推薦，得以參加這場大考，他提交的簡策全文被記錄在《漢書・爰盎晁錯傳》中，洋洋灑灑長達兩千字，從「三道之要」和「四者之闕」兩方面展開論述，並提出希望文帝能夠事必躬親，文章結尾說：「陛下不自躬親，而待不望清光之臣，臣竊恐神明之遺也。日損一日，歲亡一歲，日月益暮，盛德不及究於天下，以傳萬世，愚臣不自度量，竊為陛下惜之。」

在一百多篇策文中，晁錯這篇最為優秀，《漢書》記載：「對策者百餘人，唯錯為高第，繇是遷中大夫。」這次賢良文學試策，被認為是古代策士之制的開端。徐師曾《文體明辨》云：「夫策士之制，始於漢文、晁錯所對，蔚為舉首。自是而後，天子往往臨軒策士，而有司亦以策舉人，其策迄今用之。」

晁錯這篇策文，可稱是中國歷史上第一次「高考作文」，也是中國歷史上第一篇滿分作文。晁錯因為這篇〈舉賢良對策〉，得以升官做了中大夫。在接下來的十幾年裡，他將成為這段時期漢朝歷史的中心人物，官至御史大夫（按：負責監察百官，與宰相、太尉並列為三公），並因削藩而成為千古評說的名臣。

據《文獻通考．選舉門》的查考，西漢舉賢良文學者有十七人，他們是：晁錯、董仲舒、公孫弘、杜欽、嚴助、朱雲、王吉、貢禹、魏相、蓋寬饒、孔光、谷永、杜鄴、何武、轅固、黃霸、朱邑等。東漢也有魯丕等十三人。其中，董仲舒、公孫弘等人的策文，都在歷史上有著重要的影響，尤其是董仲舒的〈舉賢良對策〉，系統性的提出「天人感應」、「大一統」學說，並提出「罷黜百家、獨尊儒術」的建議，被漢武帝採納後，確立儒家正統思想，深刻影響了之後兩千年的中國文化。

▲ 古代讀書人用的雙柄環雕花書箱。

▲ 古代考生用的燈具。

北朝考試規矩多，字太醜罰喝墨水

晉代察舉中有一個重要的變化，就是秀才試策。

西晉開始實行秀才對策的制度。《北堂書鈔》卷七九引《晉令》載：「舉秀才必五策皆通，拜為郎中，一策不通，不得選。」也就是說，考試由五篇小作文組成，每篇文章都要寫得好，才能拜為郎中，其中若有任何一篇寫得不好，都會直接影響錄取結果。

當時的試題，我們可以在正史中找到一些線索，例如《晉書・列傳第二十二》中，詳細記錄晉武帝太康中（二八四年前後）華譚的秀才策。其中，第一個題目是「今四海一統，萬里同風，天下有道，莫斯之盛。然北有未羈之虜，西有醜施之氐，故謀夫未得高枕，邊人未獲晏然，將何以長弭斯患，混清六合？」而華譚的答案，是三百字左右的安邊之術。

這種制度延續到南北朝。南朝宋要求州秀才、郡孝廉都要參加試策，考試依然是五篇小作文，規定要是五篇文章都優秀的是上第，三或四篇優秀是中第，兩篇是下第，只有一篇優秀或全都寫不好的就是不第。

南北朝時期的小作文題目更加簡約，例如《文選》第三十六卷，收錄永明九年（四九一年）、十一年（四九三年）王融的〈策秀才文〉；而《北齊書．樊遜傳》中記錄的天保五年舉秀才對策，題目更加簡潔，只有幾個字，分別是「問升中紀號」、「問求才審官」、「問釋道兩教」、「問刑罰寬猛」、「問禍福報應」。

北朝的考試方式和南朝很接近，只是對秀才和孝廉的考察各有側重。秀才重文采，考試比較像是大考作文；孝廉則看重經學章句，考試偏向論述題。

值得一提的是當時的考試紀律，對考卷的文字整齊度有嚴格要求。**北齊試策，場規非常嚴格**，考試不符合要求，會被當場發落，斯文掃地。《隋書．禮儀志》記載，北齊時策秀孝，「字有脫誤者，呼起立席後；書有濫劣者，飲墨水一升；文理孟浪者，奪席、脫容刀」。**作文漏寫字或寫錯字，直接罰站；書法醜不忍睹的，罰喝一升墨水**（按：當時的一升，約為現今的三百毫升）。

別說是一升墨水，就算是一升礦泉水，一口氣喝下去也是很痛苦，可見當時對待考試的嚴肅態度。

中國考試史上，最難作文題目

到了隋、唐時期，科舉考試的制度正式形成。在這一制度確立之初，就已經有對策這種形式。

科舉考試確立後，第一個滿分作文得主是杜正玄，他的考取之路堪稱傳奇。他考方略策時，整個考場只有他一個人——原來，他是那年唯一一個考生。

他的答案卷到了右僕射楊素的手裡，楊素向來恃才傲物，說：「就算是周公、孔子復生，也別想在我手裡拿到秀才，你們居然舉薦杜正玄這樣的人。」說完，就把作文試卷扔到地上，不屑一顧。但當年只有這一個考生，相關部門覺得楊素不看不是辦法，於是又撿起來塞給楊素。

楊素為了為難杜正玄，想到一個奇葩點子，重新出了幾個作文題，要求杜正玄現場寫。他說：「古代有幾篇文章還不錯，司馬相如〈上林賦〉、王褒〈聖主得賢臣頌〉、班固〈燕然山銘〉、張載〈劍閣銘〉，你就用這些題目各寫一篇。另外，我這邊還有隻寵物白鸚鵡，你再寫篇〈白鸚鵡賦〉。」

這堪稱是中國考試史上最難的作文題目，司馬相如等人的作品，是中國文學史上難以逾越的名篇，仿寫難度何其之大，而且這些作品的題材，都是賦、頌、銘，格律文辭有嚴格的要求，創作難度很高。不僅如此，楊素還給出了時間限制：「我沒時間一直等你寫，影響我睡覺，今天下午三點前，就得交稿。」

萬萬沒想到，杜正玄竟然能超常發揮，按時交了卷。這讓目空一切的楊素也大為震驚，他出題目的時候，可沒想過有人能寫出來。他反覆閱讀杜正玄的作品，大為欽佩，不由說道：「真秀才也！吾不及也！」馬上安排人走完程序，杜正玄成為當時秀才科的「海內一人」。

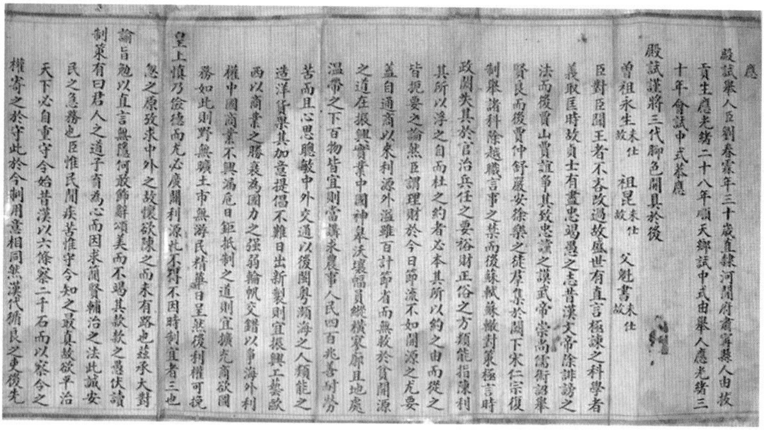
應
殿試舉人臣劉春霖年三十歲直隸河間府肅寧縣人由拔
貢生應光緒二十八年順天鄉試中式由舉人應光緒三
十年會試中式恭應
殿試謹將三代腳色開具於後
曾祖永生未仕故　祖昆未仕故　父魁書未仕故
臣對臣聞王者不吝改過故盛世有直言極諫之科學者
義取匡時故貞士有盡忠竭愚之志昔漢文帝除誹謗之
法而後賈山賈誼爭其致忠讜之謨武帝崇尚儒術詔舉
賢良而後董仲舒嚴安徐樂之徒彥集於闕下宋仁宗復
制舉諸科除越職言事之禁而後蘇軾蘇轍對策極言時
政闕失其於官治兵任之要裕財正俗之方類能指陳利
其所以浮之自而杜之約者必本其所以約之由而從之
皆扼要之論甚臣謂理財於今日節流不如開源之尤要
蓋自通商以來利源外溢雖百計節省而無救於貧開源
之道在振興實業中國神皋沃壤幅員縱橫家原且地處
溫帶之下百物皆宜則當講求農事人民四百兆善耐勞
苦而且心思聰敏中外交通以後閩粵瀕海之人頗能之
造洋貨果其加意提倡不難日出新製則宜振興工藝歐
西以商業之勝衰為國力之強弱輪帆交錯以爭海外利
權中國商業不興漏危日鉅抵制之道則宜擴充商欲圖
務如此則野無曠土市無游民精華日呈無復利權可挽
皇上慎乃儉德而尤必廣闢利源此不得不因時制宜者三也
急之原致求中外之故懷欲陳之而未有路也茲承大對
諭旨勉以直言無隱何敢飾辭頌美而不竭其款款之愚伏讀
制策有曰君人之道子育為心而因求簡賢輔治之法此誠安
民之急務也臣惟民間疾苦惟守令知之最真故欲平治
天下必自重守令始昔漢以六條察二千石而以察令之
權寄之於守此於今制用意相同然漢代循良之吏後先

▲ 清末代狀元劉春霖殿試應對刻本。光緒 30 年（1904 年）為慶祝慈禧太后七旬壽辰特設甲辰恩科（按：逢朝廷慶典特別開科考試），劉春霖被拔為進士第一甲第一名（狀元）。隔年科舉被廢，劉春霖成為中國最後一位狀元。

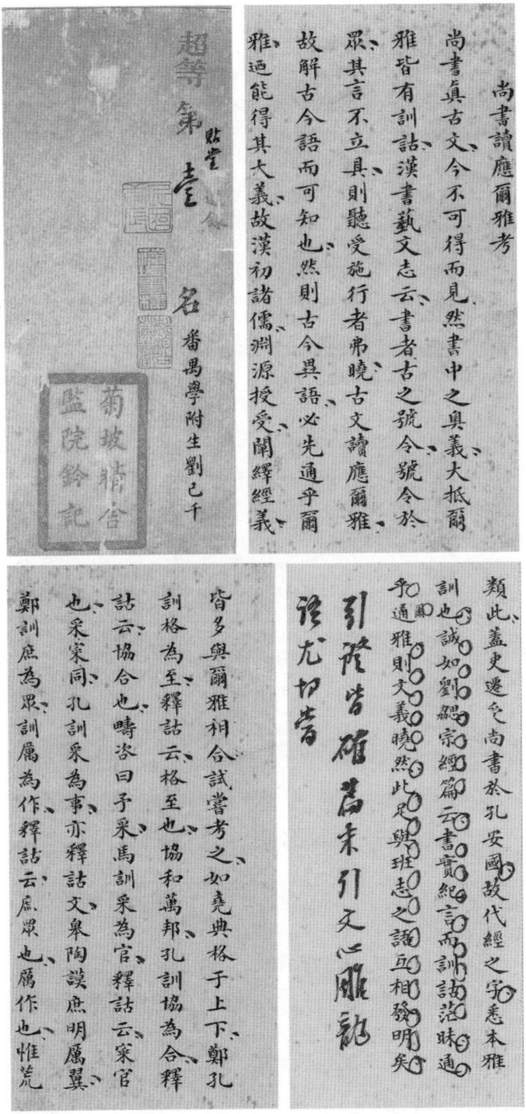

超等第壹名
貼堂
番禺學附生劉己千
菊坡精舍監院鈐記

尚書讀應爾雅考
尚書真古文今不可得而見然書中之奧義大抵爾
雅皆有訓詁漢書藝文志云書者古之號令號令於
眾其言不立具則聽受施行者弗曉古文讀應爾雅
故解古今語而可知也然則古今異語必先通乎爾
雅迺能得其大義故漢初諸儒淵源授受闡繹經義
皆多與爾雅相合試嘗考之如堯典格于上下鄭孔
訓格為至釋詁云格至也協和萬邦孔訓協為合釋
詁云協合也疇咨曰予采馬訓采為官釋詁云寀官
也采寀同孔訓采為事亦釋詁文皋陶謨庶明厲翼
鄭訓庶為眾訓厲為作釋詁云庶眾也厲作也惟荒
類此蓋史遷之尚書於孔安國故代經之字悉本雅
訓也誠如劉勰宗經篇云書實紀言而訓詁茫昧通
乎爾雅則文義曉然此足與班志之說互相發明矣
引證皆確篇末引文心雕龍語尤切當

◀菊坡精舍（按：清代廣州高等學府）監院，番禺學附生（按：番禺學宮為廣州三大學宮之一；附生指初考入府、州、縣學，無公家俸祿可領的生員）劉己千考卷，被判為超等第一名。

杜家兄弟幾人都是奇才，杜正玄的大弟杜正藏考進士科時，主考蘇威也給了幾個千古名篇讓他仿作，分別是〈過秦論〉、《尚書．湯誓》、〈匠人箴〉、〈連理樹賦〉、〈幾賦〉、〈弓銘〉，杜正藏也跟他的哥哥一樣按時交卷，而且一氣呵成，幾乎沒有修改痕跡。兩人的弟弟杜正倫也考中秀才，在唐高宗時期官至宰相。

整個隋、唐時期，僅有秀才十餘人，而杜家卻一門三秀才，備受時人稱讚。後代有人評價說，要不是生活在一個朝代變革的時期，他們應該會和宋代的三蘇一樣文名卓著。

蘇軾作文，歐陽修稱讚「當避此人出一頭地」

科舉制度在宋代更加完善，策文的地位也提高。唐宋八大家中，有六人生活在宋代，他們的文集收錄了不少策論這種「考試作文」，其中有一些篇章流傳很廣，膾炙人口。

當時，科舉中最重要的是進士科，考試的題型有詩、賦、策、論、貼經、墨義等。貼經像是現今考試中的填空默寫；墨義是經典名句賞析解讀；策和南北朝時期一樣，一次出五道，以問答為主，類似今日的小作文或申論題；論最接近現今大考作文，是一種命題作文；詩、賦文學性很強，不過賦也可以理解為大考作文。**科舉考試應該以詩賦為主，還是以策論為主，在宋代一直爭論不休。北宋中葉，王安石等人就極力主張經術，而歐陽修、蘇軾等人則重視文學。**科舉考試的內容，實際上也是王安石變法的重要項目之一。

中國科舉史上最有名的作文，當屬宋仁宗嘉祐二年（一〇五七年），蘇軾二十一歲時應禮部試而寫的文章〈刑賞忠厚之至論〉。這年的考試題目本身相對枯燥，但蘇軾才華橫溢，娓娓道來，讀者完全不會想到這其實是一篇大考作文。

而主考官歐陽修讀到這篇六百多字的作文時極為興奮，覺得此文脫盡五代宋初以來的浮靡艱澀之風，說：「讀軾書不覺汗出，快哉！老夫當避此人出一頭地。」這就是成語「出人頭地」的由來。

據說，因為這篇作文實在太過優秀，考官梅聖俞看過之後覺得有「孟子之風」，馬上拿給主考官歐陽修看。歐陽修覺得如此優秀的文章，天下只有他的弟子曾鞏才能寫得出來，為了避嫌，特意沒有把這篇列為第一，而是放在第二。

這篇文章還有一個經常被人說起的趣事。在文中，蘇軾寫道：「當堯之時，皋陶為士。將殺人，皋陶曰：『殺之』三。堯曰：『宥之』三。」主考官歐陽修博覽群書，但從未見過這個典故，曾就此事出處詢問蘇軾。而蘇軾答云：「想當然耳，何須出處。」原來，這個典故是他自己編的，可見蘇軾的灑脫。

其實，如果真要查考，在歷史上有這個典故，出於《禮記．文王世子》，是周公的故事，只是蘇軾誤寫成了堯而已。

到了**明、清時期**，科舉考試更加鼎盛，完全定型和格式化，重點應試八股文，也有試策這個環節。這時候的**八股文和策文，雖然要求要「純雅通暢」，但實際上全以四書五經為內容，以程朱理學為根據，思想限制較多**，與現今大考作文反而相去甚遠。

回顧古代「滿分作文」簡史，能夠感受到中國古代政治制度的改革，和文化思潮的演變。如果把歷代重要的策論，按時間先後集合成一輯，或許也是個有趣的文史讀物。

18 宋代已有八卦小報，記者是政府密探

我們可以想像，在文字發明之前，人們其實已經開始歌唱。不少學者覺得這些歌聲，就是文學的起源。《淮南子．應道訓》說：「今夫舉大木者，前呼『邪許』，後亦應之，此舉重勸力之歌也。」上古時期，扛著大木頭的勞動者，前面喊唱「邪許」，後面的人跟著響應，是一種激發力量的歌曲。

實際上，早在周代，傳說子夏所作的《毛詩》序，就已經提出人類有語言就有詩歌，詩歌最早總是和音樂舞蹈相伴隨，這在《禮記》中也能找到相關記載。

周朝直到秦、漢時期，歌謠以及政府徵集民間歌謠，無疑就是一種訊息傳播的形式，將其視為最早的大眾傳播形態也未嘗不可。學者林語堂在一九三〇年代出版的英文著作《中國新聞輿論史》（*A History of the Press and Public Opinion in China*）中，甚至認為**古代的采詩，完全可以看作是報紙的先導**。

這種**「王官采詩」制度的產物之一，就是《詩經》**。根據《漢書．食貨志》，周朝設有專門的采詩官，採集民歌，整理後給天子看，以體察民俗風情、政治得失。《詩經》中大部分詩歌都出於此。

事實上，類似的行為可能在商朝就已經出現了。根據《尚書》記載，這種官員叫做「遒人」。《書．胤征》：「每歲孟春，遒人以木鐸徇於路。」而《左傳》則引用《夏書》：「遒人以木鐸徇於路。」漢代人注解：「遒人，行人之官也……徇於路，求歌謠之言。」每年春天，遒人搖著一個類似鈴鐺的樂器，到民間走街串巷傳達政務新聞，同時也順便采采民風，蒐集歌謠。

而要論類似今天的報紙，雖然有一些西方學者認為，羅馬帝國凱撒大帝（尤利烏斯．凱撒〔Iulius Caesar〕）在西元前五十九年創立的《每日紀聞》（*Acta Diurna*，又稱《羅馬公報》），是世界上最早的報紙，但在此之前一百多年，**中國西漢時期就已經有邸報制度，堪稱報紙的起源**。

《西漢會要》：「大鴻臚屬官有郡邸長丞。」注云：「主諸郡之邸在京師者也。按郡國皆有邸。所以通奏報，待朝宿也。」通奏報，指的是君臣之間傳達消息，也就是「邸報」的源頭。所謂的邸，其實就是郡縣等地方政府或藩鎮，在首都所設的「駐京辦」，他們抄寫、傳輸皇帝諭旨、臣僚奏議和相關政治情報，就是邸報，可以看作是一種官辦的報紙。

漢代的邸報制度，史書中沒有留下詳細記載；唐以後的邸報，就有許多紀錄。

進奏院報：現存最早的中國報紙

中國學者普遍認為，**唐代《開元雜報》是中國歷史上有記載最早的官方報紙。**新聞史學家方漢奇主編的《中國新聞事業編年史》，第一條就是七一三至七四一年間的《開元雜報》。

這份和楊貴妃同時期的報紙，長什麼樣子呢？

大約在八五一年，晚唐學者孫樵見到一批開元年間的報紙，大概有數十幅，這對他來說也是一百多年前的古董，所以覺得很新奇的他，就寫了一篇文章，把他看這批報紙的前因後果記錄下來。

根據他的描述，我們知道這種報紙「按日條事，不立首末」，其內容大都是國家大事。「『某日皇帝親耕藉田，行九推禮。某日百僚行大射禮於安福樓南。某日安北奏諸蕃君長請扈從封禪。某日皇帝自東還。賞賜有差。某日宣政門宰相與百僚廷爭一刻罷。』如此，凡數十百條」，類似報紙上的短篇要聞。

這種報紙不僅有手抄件，還有雕版印刷而成的，這就更符合大眾傳媒的特徵。根據清末民初目錄學家孫毓修《中國雕版源流考》所發現的資料：「近有江陵楊氏藏有開元雜報七頁，云是唐人雕本，頁十三行，每行十字，字大如錢，有邊線界欄，而無中縫，猶唐人寫本款式，作蝴蝶裝。墨影漫漶，不甚可辨。」這些報紙一直保存到了民國，而為孫毓修所知所見，但其下落已經不明。

我們目前能看到最早的唐代報紙實物，是唐僖宗乾符三年（八七六年），歸義軍節度使張淮深派駐首都長安，一位姓南宮的進奏官，發回給他的一份進奏院狀，主要介紹當年新年前後的一些大事。這份報紙在敦煌藏經洞被發現，目前收藏在法國巴黎國家圖書館（Bibliothèque nationale de France）。

另外，英國倫敦大英圖書館（British Library）還收藏有一份稍微晚幾年的報紙，唐僖宗光啟三年（八八七年）的進奏院報。目前唐代的報紙實物，我們發現的就只有這兩份，統稱為「敦煌進奏院狀」。

唐朝中期，藩鎮紛紛在京設邸，稱為上都留後院或上都邸務留後院。唐代宗大曆十二年（七七七年）後，又改稱上都進奏院，簡稱進奏院。進奏院的負責人最初叫上都邸務留後使，後改名上都知進奏院官，簡稱進奏官。進奏院與進奏官都由地方在首都自行設立和任命，不歸朝廷管轄。

進奏院官們有一個重要的任務，就是傳遞朝廷政治資訊，他們**按日期整理朝廷新聞，抄寫後傳送到各地，這種報紙就叫進奏院狀報、進奏院狀、邸吏狀或報狀，而進奏官就類似今天的「編輯記者」**。根據《唐兩京城坊考》，在崇仁坊，有東都、河南、商汝等二十餘地設置的進奏院。

宋代官報，發布前政府要先審

邸報之名雖然唐代就有了，但從宋代起，才開始被廣泛使用。《宋會要輯稿》記載：「國朝置進奏院於京師，而諸路州郡亦各有進奏吏，凡朝廷已行之命令，已定之差除，皆以達於四方，謂之邸報。」邸報又稱邸抄、朝報、報狀或除目，由諸路州郡派駐首都的進奏官負責傳發。

但和唐代藩鎮割據時的進奏院報不同，**宋代的邸報，發報前由門下省給事中**

負責審核，稱「判報」，審核通過後，才能分發地方。當時，對邸報傳發的審查嚴格，宋真宗咸平二年（九九九年）規定了由樞密院事先審查樣報，通過「定本」，方准傳發的定本制度。報紙發行，已然成為一種國家制度。

《宋史・劉奉世傳》記載：「熙寧三年（一〇七〇年），初置樞密院諸房檢詳文字，以太子中允居吏房。先是，進奏院每五日具定本報狀，上樞密院，然後傳之四方。而邸吏輒先期報下，或矯為家書，以入郵置。奉世乞革定本，去實封，但以通函謄報，從之。」由此可見，當時的邸報是每五天出一期，先由樞密院審核，再發行四方。

邸報內容主要是皇帝的詔書、起居言行、政府的法令公報、各級臣僚的章奏疏表、省寺監司等機構的工作報告和邊防駐軍的戰報等，也包括一些社會新聞、自然災害資訊之類。但內容相對簡略，不會抄錄這些奏章全文。

邸報的正本只發至各級政府部門的長官，長官以外的官僚和士紳看到的，往往只是它的抄件。宋代邸報大部分是抄寫的，只有一小部分稿件以「鏤版」方式，使用雕版印刷技術印發。

宋人有不少詩作是寫讀完邸報之後的感想，例如蘇軾〈小飲公瑾舟中〉詩中就有「坐觀邸報談迂叟，閒說滁山憶醉翁。此去澄江三萬頃，只應明月照還空」的句子。再例如王安石有〈讀鎮南邸報〉一首，張自明有〈觀邸報〉七絕一首，楊萬里有讀邸報後的感事詩七律一首，都寫於看邸報之後，抒發詩人們對宦海沉浮和當時世事的感慨。

小報消息，跑得比官方快

小報（tabloid），原本是指尺寸為大報（broadsheet）一半的報紙，由於這類報紙多以八卦為導向，後來常引申形容此類報導風格的報紙。其特點往往是捕風捉影、真真假假。

清代大學士明珠的兒子揆敘，有感於當時小報橫行，曾經上奏摺說：「近聞外省塘報，故摭拾大小事件，名曰『小報』，駭人耳目。請飭嚴禁，庶好事不端之人，知所儆懼。」這位嚴厲打擊小報的揆敘，死後諡文端，是個好的諡號；但到了雍正二年，死了好幾年的他被削諡，墓碑改鐫「不忠不孝陰險柔佞揆敘之墓」。

小報的風行並非清代才有，實際上**早在宋代，小報就成為傳播新聞的重要形**

式。宋代學者趙昇在《朝野類要》中，記載當時的報紙有邊報、朝報，還有小報：「朝報日生事宜也，每日門下後省編定，請給事判報，方行下都進奏院報行天下。其有所謂內探、省探、衙探之類，皆衷私小報，率有漏泄之禁，故隱而號之曰新聞。」大家對新聞有急切的需求，催生了小報和「新聞」這個詞的誕生。

這種小報歷經封禁，始終不曾斷絕，明、清文獻中都有提及，清代文人王士禛在他的學術筆記《池北偶談》中，提到當時的小報也叫「小貼」。

因為小報影響力驚人，北宋至南宋都不斷加強對它的管制。在《宋會要輯稿》可以看到宋仁宗時期，經常有當局查封小報的記錄，例如宋仁宗天聖九年（一〇三一年），就鼓勵大家舉報私自發行小報者：「聽人告捉勘罪決停，告者量與酬賞。」如果舉報被查明屬實，檢舉人會有一定的獎勵。

南宋孝宗淳熙十五年（一一八八年）時規定「近聞不逞之徒撰造無根之語，名曰小報，轉播中

▲中國古代官方報紙「邸報」。

外，駭惑聽聞。今後除進奏院合行關報已施行事外，如有似此之人，當重決配。其所受小報官吏，取旨施行。令臨安府常切覺察，御史臺彈劾」。根據《宋會要輯稿》，對於舉報者的獎勵，宋哲宗時一度賞緡錢十萬，宋徽宗時一百貫至一千貫，南宋高宗時則為兩百千，宋孝宗時則為三百貫。

宋高宗紹興十五年（一一四五年）的進士周麟之，言辭雅馴，曾經出使金國，金國皇帝完顏亮非常欣賞他，請他吃牛頭肉，他偷偷把牛頭密封，帶回杭州獻給皇帝，當時大家都叫他「牛頭公」。

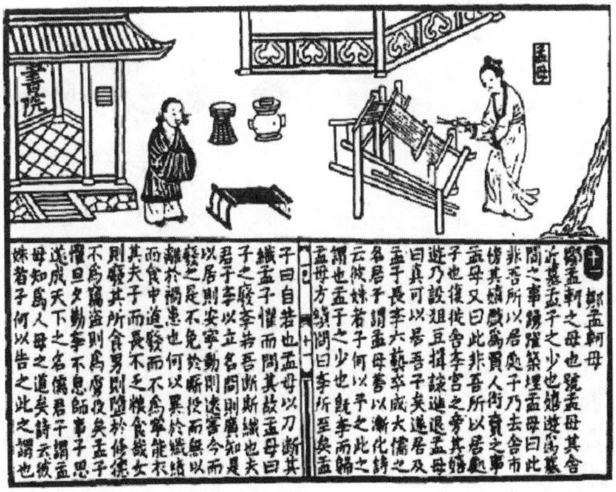

▲宋代「小報」。

周麟之寫過一篇文章〈論禁小報〉，可能是中國第一篇傳媒論文，這篇文章先闡述小報風行的情況及其內容的特色：「小報者，出於進奏院，蓋邸吏輩為之也。比年事有疑似，中外未知，邸吏必競以小紙書之，飛報遠近，謂之小報。如曰：

『今日某人被召，某人罷去，某人遷除。』往往以虛為實，以無為有。朝士聞之，則曰：『已有小報矣！』州郡都間得之，則曰：『小報已到矣！』他日驗之，其說或然或不然。」

接著，他又進一步分析小報的危害和處理意見，認為「不可不察」，提出有關部門要「嚴立罪賞，痛行禁止」的結論。雖然經政府多次整頓，但小報始終發揮不小的影響力。

朱熹在給朋友的一封信中，就曾說道：「適見小報，元善已得浙西提舉。」元善就是他的學生詹體仁，是南宋時期著名的理學家和政治家，朱熹的名著《資治通鑑綱目》一書有部分即出自詹體仁之手。朱熹、呂祖謙由寒泉精舍赴江西鵝湖之會，詹體仁也是隨從之一。這麼親近的學生，他的官職變化，朱熹是從小報中先得到消息，可見當時小報資訊之快。

民辦報紙始於宋代，也出現賣報亭、送報員

不管是唐代的進奏院狀，還是宋代的邸報，都是官方報紙，而**中國民辦報紙最**

早出現於北宋，盛行於南宋，是由部分進奏官和書肆主人私自發行，其實是一種非法出版物。南宋時，這種民間報紙被統稱為「小報」，有時也稱之為「新聞」。這兩個詞的意思，都和現今沒有太大的區別。

據新聞史學者研究，**小報的材料來源為在宮廷內部和省、寺、監、司等政府機關通報新聞的「內探」、「省探」和「衙探」，這些是當時的小報記者**。其內容主要是政府沒有公開的「朝廷機事」、官報不準備發表或尚未發表的皇帝詔旨、大臣表疏和官吏任免事項。

雖然史料上沒有留下當時小報的價格，但**已經有專門銷售報紙的行業，甚至有類似報刊亭的店鋪**。南宋《武林舊事》卷六的「小經紀他處所無者」中，記錄不少當時杭州的新興行業，其中有許多寵物相關的行業，例如「貓窩」專門賣貓窩、「貓魚」專門賣貓糧、「賣貓兒」是寵物貓交易、「改貓犬」則是寵物貓狗美容。

其中，就提到專門賣報紙的行業，稱作「供朝報」，也就是出售朝報。他們銷售的報紙，名義上是朝報，但實際上往往是私自發行或抄錄的小報。可以說民營商業媒體，在這個時候已經出現了。南宋學者黃榦給朋友的信中說：「榦昨日得相識錄示小報，知已被予祠之命，乃十二月十七日防揮，今日邸吏發報狀尤分明。」傳抄小報中的消息，比官方的邸報要來得快。

根據《靖康要錄》記載，南宋時，小報上還常載有北方軍民抗擊金兵的消息，和主戰派官員反對議和的奏疏。當時，有人在大街上專門販售這種報紙，類似後代的送報員（報童）。甚至在南宋的都城臨安，還有專賣報紙的店鋪，類似後世的「賣報亭」，不過賣報亭裡報紙種類繁多，當時則只有一種。

手抄邸報，有心人就能創造「假新聞」

宋代之後，邸報一直延續到清代。元代設通政院，明、清兩代設通政司和提塘官，專門負責官文報（公文函件）的收遞工作。凡皇帝和內閣同意發布的朝政消息，都由他們向地方傳報。

除邸報外，還有邸鈔、閣鈔、朝報、京報等別稱。當時官報仍以抄寫為主，崇禎十一年（一六三八年）以後，才普遍採用活字版印刷。邸報大部分是手抄，很容易出錯，也會出現別有用心之人造假。最經典的案例，就是明代胡宗憲在邸報上捏造「蘇某奉旨前往浙江與按撫官會議軍情」的資訊。

沈瓚《近事叢殘》曾詳細記載此事的經過。蘇州人蘇麻子遊嘉興時，住在朋友項公子家。項公子和胡宗憲關係很好，向他推薦蘇麻子。胡宗憲說：「聽我的計策，我有用他的辦法。」

於是，他就命人在朝報上捏造一條新聞，說皇上「差錦衣衛百戶蘇某前往浙江與該按撫官會議軍情，聽令便宜行事等因」。

接著，以欽差馬上要來為由，派人大修衙門，並安排船隻儀仗，到蘇、常間等候。等蘇麻子偽裝成欽差一到，迎來之後，安置華美衙舍，舉行隆重酒會，地方官員都親往參拜，聲勢極為浩大。胡宗憲就這樣公然在邸報上刊登假消息，製造一個號稱為「錦衣衛百戶」的假欽差。

明、清出現報社，可以訂閱報紙

明代中葉以後，政府默許民間自設報房，公開出售報紙。這種報房類似今天的報社，大多設在北京，發行的報紙通稱《京報》，開始印有報頭（按：報紙上刊登報紙名稱、期數等的區塊）。這種報紙的核心追求，就是牟利，所以報房出版的報紙，可以公開叫賣和接受訂戶，而且以訂閱為主，讀者支付的報紙費是其主要收入來源。

當時報紙的讀者，主要是官吏、士紳和商人。京報刊登的主要內容有三類：皇帝的諭旨、大臣的奏摺和宮門鈔。其中，宮門鈔就是朝廷內部傳來，張貼於宮門外的新聞。

清王朝入關後，所發行的《京報》，用土紙和膠泥活字或木活字印刷，因多用黃紙封面，有紅色套印的「京報」二字作報頭，通稱黃皮京報（見下圖）。其內容也是記錄皇帝起居和大臣陛見情況的宮門鈔和常程文書為主。

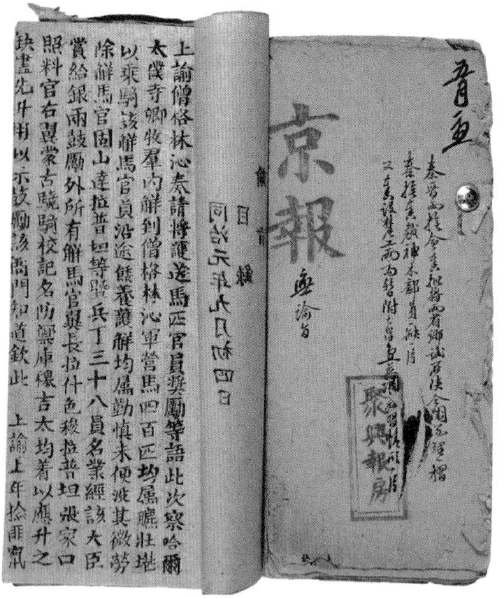

▲清代《京報》，用黃紙封面，紅色套印「京報」二字作為報頭。

根據新聞史學者考察，

清代有翻印邸報的各家報房，例如公慎堂、榮祿堂、聚升、聚恆、同順、同文、洪興、公興、永興等。但各報房之間的競爭壓力並不大，因為各個報房出版的《京報》內容大同小異。例如光緒二十年（一八九四年）二月十七日，聚恆報房與聚升報房所出《京報》，內容一字不差。

除了印製的報紙之外，還有人抄寫報紙發售盈利，也成為一種職業。明神宗萬曆十年（一五八二年），戶部尚書張學顏寫過一個提奏，提到當時北京有一種職業，稱為「抄報行」，是當時北京一百三十二行業之一。

明、清之際的學者姚廷遴在他的日記《歷年記》中，曾經記錄了一個很有意思的細節：「忽報沈伯雄來，覺愴惶之狀，手持小報云：四月二十五日，闖賊攻破京師，崇禎帝自縊煤山等語。叔祖聞之大驚，大伯、二伯俱失色無措，遂收拾杯盤，斟酌避難。不一日有大報到，民間咋聞。」闖王李自成攻破北京，崇禎皇帝自盡的消息，最早就是透過小報傳到士人手中。

明代末年，北京報業已經非常興盛，甚至出現專門送報紙的職業。明末官員祁彪佳在他崇禎五年的日記中，提到他的外甥何光燁，就在北京以送報紙為業，這可能是中國歷史上最早留下姓名的送報員。

薛蟠打死人，看了報紙才知道

宋代以來，讀報紙成為官員們和士大夫日常生活中重要的內容，尤其是南宋以後，在民間也開始有了閱讀報紙的風潮。**在古代小說中，報紙往往是推動情節的重要道具。**

例如《金瓶梅詞話》第十七回，就提到西門慶讀到的一份報紙。

這一回寫西門慶到李瓶兒家纏綿，在飲酒調笑之時，忽然聽到外面有人打得大門亂響，有人告訴他東京事變。

西門慶急忙趕回家中，女兒、女婿已經連夜來家，透過親家的書信，他已經知道禍事的大概，但還是不知端詳。因此，他馬上叫來吳主管，給他五兩銀子，讓他連夜去縣中承行房，「抄錄一份東京行下來的文書邸報來看」。

這份邸報寫了什麼呢？書中列了一部分文字，是宇文虛中彈劾蔡京等人的文字：「兵科給事中宇文虛中等一本，懇乞宸斷，亟誅誤國權奸，以振本兵，以消虜患事……。」

《紅樓夢》第九十九回「守官箴惡奴同破例，閱邸報老舅自擔驚」，裡面寫道：「一日，在公館閒坐，見桌上堆著許多邸報。賈政一一看去，見刑部一本：『為報明事，會看得金陵籍行商薛蟠……。』賈政便吃驚道：『了不得，已經提本了！』隨用心看下去，是薛蟠毆傷張三身死，串囑屍證，捏供誤殺一案。賈政一拍桌道：『完了！』」

這份邸報裡，詳細描述了薛蟠事件：「據京營節度使諮稱：緣薛蟠籍隸金陵，行過太平縣，在李家店歇宿，與店內當槽[12]之張三素不相認。於某年某月某日，薛蟠令店主備酒邀請太平縣民吳良同飲，令當槽張三取酒。因酒不甘，薛蟠令換好酒。張三因稱酒已沽定，難換。薛蟠因伊倔強，將酒照臉潑去，不期去勢甚猛，恰值張三低頭拾箸，一時失手，將酒碗擲在張三囟門，皮破血出，逾時殞命……。」

雖然小說中的邸報文字都是虛構，但也可以由此窺見當時邸報的內容與風格。

12 舊稱酒館、飯館中的夥計。

外國傳教士創辦近代報刊

中國近代報刊，則是由外國人興辦。

英國倫敦傳道會傳教士馬禮遜（Robert Morrison），一八一五年在麻六甲（Melaka，位於馬來西亞）創辦《察世俗每月統記傳》，是由外國人創辦的第一份近代中文報刊。這份報紙是為傳教服務，因而內容以闡發基督教教義為主。

一八三三年，德籍傳教士郭實獵（Karl Gützlaff）於廣州創辦的《東西洋考每月統記傳》，則是在中國境內的第一家近代中文報刊。一八二二年，葡萄牙人在澳門創刊的葡文《蜜蜂華報》（*Abelha da China*），則是中國第一家外文報紙。

中國人自己辦的近代報刊，始於一八七〇年代。這些報刊中，具有代表性的有艾小梅辦的漢口《昭文新報》、王韜主編的香港《循環日報》、容閎等創辦的上海《彙報》、上海官商合辦的《新報》，以及廣州的《述報》、《廣報》等。

這些報紙的版式和體例，都仿效外國報紙，但在內容上更重視政論的作用。例如王韜主編的《循環日報》，每天都有宣傳變法自強的評論，開創中國報刊的政論傳統。

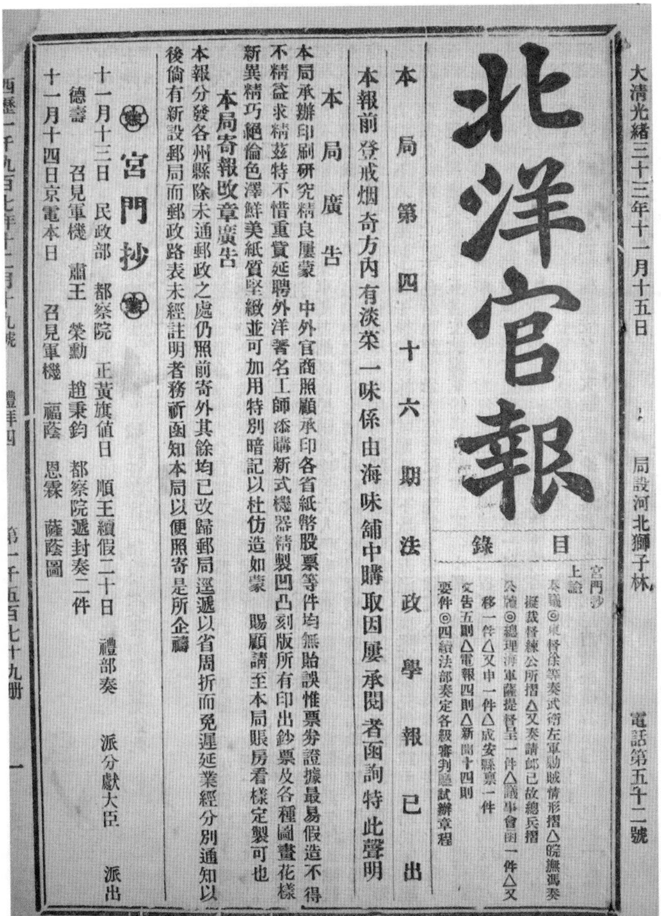

大清光緒三十三年十一月十五日　局設河北獅子林　電話第五十二號

北洋官報

目錄

宮門抄

上諭

奉職◎東督徐等奏武衛左軍勦賊情形摺△皖撫馮奏

擬裁督練公所摺△又奏請郎已故總兵摺

恩補◎總理海軍薩提督呈一件△議事會函一件△又

移一件△又申一件△成安縣禀一件

文告五則△電報四則△新聞十四則

要件◎四續法部奏定各級審判廳試辦章程

本局第四十六期法政學報已出

本報前登戒烟奇方內有淡菜一味係由海味舖中購取因屢承閱者函詢特此聲明

本局廣告

本局承辦印刷研究精良屢蒙　中外官商照顧承印各省紙幣股票等件均無貽誤惟票券證據最易假造不得不精益求精茲特不惜重貲延聘外洋著名工師添購新式機器精製凹凸刻版所有印出鈔票及各種圖畫花樣新異精巧絕倫色澤鮮美紙質堅緻並可加用特別暗記以杜仿造如蒙　賜顧請至本局賬房看樣定製可也

本局寄報改章廣告

本報分發各州縣除未通郵政之處仍照前寄外其餘均已改歸郵局遞遞以省周折而免遲延業經分別通知以後倘有新設郵局而郵政路表未經註明者務祈函知本局以便照寄是所企禱

宮門抄

十一月十三日　民政部　都察院　正黃旗值日　順王續假二十日　禮部奏　派分獻大臣　派出德壽　召見軍機　肅王　榮勳　趙秉鈞　都察院遞封奏二件

十一月十四日京電本日　召見軍機　福隆　恩霖　薩蔭圖

西歷一千九百七年十二月十九號　禮拜四　第一千五百七十九冊

▲ 清代《北洋官報》，為清末創辦最早、最有影響力的地方政府官報，1901 年在天津發行，為雙日刊，至 1907 年停刊。

19 「一騎紅塵妃子笑」，古代快遞有多快？

網路購物，可以算是現代的重大發明。許多人生活中最愉快的瞬間，就是從快遞員手裡接過期待已久的網購成果，並愉快的拆開包裹。

古代人有快遞嗎？又是如何寄送的？這其實是一個涉及交通史、傳播史的重要學術問題。古時政府官方快遞和百姓私人快遞，有很大的不同，學者們對官方驛傳已經有不少研究，但對古人私人物品的長途寄送，還有很多細節尚待釐清。

周朝道路暢通、寬闊，是快遞的發展基礎

快遞出現的前提，是暢通的道路。中國的快遞事業起源很早，據說三皇五帝時代已經有了雛形，雖然真實性可能需要進一步的研究，但在甲骨文裡，確實已有驛

傳系統相關的記載，地方發生的新聞事件，定期會透過這個系統上報給殷王。

周朝時期，道路更加寬闊，通達全國的交通網初步形成，為快遞事業提供了良好的條件。古代有本非常著名的書《穆天子傳》，是西晉時從古墓裡挖出來，有人說是西周人寫的，也有人說是戰國人寫的，總之可能是周朝的紀錄。書裡講的就是周穆王姬滿遊歷天下之事，尤其是前面幾卷，講他駕八駿西巡天下，用了五年時間，走三萬五千里會見西王母。司馬遷《史記》還記載，周穆王在拜會西王母時，收到有人叛亂的消息，他便乘著千里馬趕回中原平定叛變。

當時的交通主幹道，稱作「周行」或「周道」，在《詩經》裡，這兩個詞經常出現。《周禮》記載的官職中，有個「野盧氏」，大概類似現代的交通部長，專門管理交通設施的建設和維護，他的工作職責之一，就是要在主要道路的兩側種樹，隔一段距離還要挖口井，建設供快遞員休息的場所「宿息」。

根據《國語》的記載，當時的道路「十里有井，二十里有舍」，隔十里路就有一口井，每二十里就有一個讓快遞員休息的「舍」。

《周禮．地官》中的記載，則稍微有點不同：「凡國野之道，十里有廬，廬有飲食；三十里有宿，宿有路室，路室有委。」

傳說孔子做過委吏，其職責範圍可能就包括這種路邊供給物品給快遞員的小倉庫。不管怎麼說，當時的道路品質已經很高了。

春秋時期，各大諸侯國都有類似驛站的機構，齊國、鄭國叫「遽」，晉國、楚國叫「馹」，也有些國家叫「傳」，這些運輸機構主要為軍事服務。到了戰國時期，交通物流水平更高，甚至出現了私人郵遞系統。《史記》記載，戰國四公子之一的魏國信陵君，有自己的傳報系統，讓他能比魏王還快收到資訊。他後來被魏王猜忌，傳報系統就是原因之一。

不過，整個商、周時期，普通百姓都無法使用上述的這些傳送系統，他們的信件都靠代送，託付給正好要去遠方的行人。

▲嘉峪關魏晉墓出土的彩繪〈驛使圖〉壁畫磚，約繪於3世紀前後，是中國目前發現最早的古代郵驛形象資料。

從商代到清代，快遞時速都在每小時四十五公里

秦、漢時期的道路叫「馳道」，寬五十步，接近七十公尺，可能比現代許多大城市的主幹道還要寬。

當時最快的行駛速度有多快呢？漢昭帝劉弗陵去世後，大將軍霍光徵召昌邑王劉賀（也就是海昏侯）來主持喪禮，他接到消息後，午時從昌邑出發，一路狂奔，累死了幾匹馬，晡時就到達定陶，大概三個小時，走了一百三十五里路，**時速約在每小時四十五公里左右**。這差不多是馬匹能達到的極限。**從商、周到清代，運輸工具都是馬匹，所以快遞的速度並沒有隨著時代發展而提高**。

隨著道路的完善，當時的驛傳系統也逐步發展起來，形成了「傳、郵、驛」體系。傳，就是用車送達；郵，就是步行送達；驛，就是用馬送達。特快的傳送，則叫「馳傳」。

這些系統中的快遞員，中途休息、吃飯、餵馬、換馬的地方，稱作傳舍、館舍、郵亭等，有點類似高速公路休息站，可以加油、用餐、稍事休息。漢高祖劉邦，早年就是郵亭的亭長。

秦、漢時期的驛傳系統也是為軍事和政治服務，但快遞的物品不僅僅是政府文書和軍中情報。漢高祖劉邦為戚夫人運送家鄉的大米，以及後來南方省分快遞荔枝、龍眼等生鮮水果，都用這個系統。「驛馬晝夜傳送之」，很多快遞員因此死在路上。所以，其實「一騎紅塵妃子笑」的事，早在漢代就有了。

中國現存最早的家書，寫什麼？

我們再來看看秦、漢時期民間的快遞。一九七五年，**在雲夢睡虎地秦墓中，發現兩封寫在木牘上、兩千兩百多年前的家書，這是中國目前所能見到最早的私人書信原件**（見第二三八頁）。

寫信的是秦軍士兵黑夫、驚，他們是一對兄弟，而收信人是他們的哥哥衷。衷死後，把這兩封信帶進自己的墓裡。黑夫的信裡有一段說：「黑夫寄益就書曰：遺黑夫錢，母操夏衣來。今書節到，母視安陸絲布賤，可以為禪裙襦者，母必為之，令與錢偕來。其絲布貴，徒錢來，黑夫自以布此。」

這段話的大意是：「黑夫再次寫信，請家裡趕緊送點錢，再讓母親做幾件夏天穿的衣服送來。見到這封信之後，請母親比較一下安陸絲布的價錢，不貴的話就做好夏天穿的衣服，和錢一起帶過來。要是那邊絲布貴，那就只帶錢來，我自己在這邊買布做衣服。」

而驚的信裡寫道：「願母幸遣錢五、六百，布謹善者毋下二丈五尺。」希望母親能寄個五、六百塊錢來，而布要仔細挑選品質好的，至少要二丈五尺。

這兩份家書如何投遞？尤其是書信裡多次提到要送錢和絲布，這些物品需要從他們老家所在的湖北雲夢，運送到兄弟倆打仗的河南淮陽，大約四百公里的路程，這之間是如何運送的呢？

身為平民，他們不能使用國家的驛傳系統，靠的還是熟人幫忙。具體來說，**從軍隊駐地往老家送信的，通常是軍隊裡服役期滿的同鄉老兵；而從老家帶信和物資來的，應該是要趕赴前線的同鄉兵卒，或者是正好要去做買賣的商人。**

漢代《古詩十九首》中，有一首提到：「客從遠方來，遺我一書札。上言長相思，下言久別離。」另一首則說：「客從遠方來，遺我一端綺。相去萬餘里，故人心尚爾。」兩漢之際的詩作〈飲馬長城窟行〉也提到：「客從遠方來，遺我雙鯉魚。呼兒烹鯉魚，中有尺素書。」

這些詩句裡的「客」，就是幫忙捎帶信件和物資的「兼職快遞員」。

總結來說，秦、漢時代跟商、周時代一樣，普通百姓都不能使用國家驛傳，書信和物品得靠人幫忙捎帶。

在漢代，偶爾也有記載個別官員利用國家驛傳發「私書」，也就是在公文裡捎帶私人信件。但是，這在當時肯定不是普遍現象。而且，也只有官員才能借公家之便，普通百姓是想都不敢想的。

▲秦國士兵家書〈黑夫木牘〉。黑夫的信（11號牘）保存較為完整，而弟弟驚的信（6號牘）下半部已經殘缺。

唐代最有名的快遞貨品：荔枝

隋、唐時期，全國郵驛歸在兵部管理，主要仍是為軍事服務。當時的驛傳道路上，每三十里就有一個驛站。據《唐六典》記載，唐玄宗開元年間，全國一共有一千六百三十九個驛站，分為陸驛（一千兩百九十七所）、水驛（兩百六十所）和水陸相間驛（八十六所）。

唐代岑參有「一驛過一驛，驛騎如星流。平明發咸陽，暮及隴山頭」的詩句，生動描述當時快遞的情景。當時主要運送的內容，和之前的朝代一樣，主要是軍事奏報和政府文書等。

不過，有個比較獨特的例子。武則天時期，徐敬業在揚州舉兵造反，檄文是著名文學家駱賓王起草（即〈為徐敬業討武曌檄〉），其中「請

▲〈楊貴妃上馬圖〉（元代，錢選繪）。此圖描繪貴妃上馬的情形，其身旁有兩侍女協助，而唐玄宗坐在白馬上望著貴妃。現藏於美國佛利爾美術館（Freer Gallery of Art）。

看今日之域中，竟是誰家之天下」乃是千古名句。可惜，徐敬業不是能光復李唐的料，沒多久就被李孝逸攻破，自己的首級則被「驛馬駝入洛」。快遞的物品是腦袋，也算是快遞史上少有的情形。

除了腦袋，還有快遞棺材靈柩的特殊情形。《舊唐書．元稹傳》記載：「徐州監軍使孟升卒，節度使王紹傳送升喪柩還京，給券乘驛，仍於郵舍安喪柩。」王紹違規使用國家郵傳系統運送孟升的靈柩，還違法把棺材存放在驛站裡。

當然，**整個唐朝的快遞行業，最有名的貨品自然是楊貴妃的荔枝**，正所謂「一騎紅塵妃子笑，無人知是荔枝來」。

中唐時期李肇的《國史補》說：「楊貴妃生於蜀，好食荔枝。南海所生，尤勝蜀者，故每歲飛馳以進。」《新唐書．楊貴妃傳》中也記載：「妃嗜荔枝，必欲生致之，乃置騎傳送，走數千里，味未變，已至京師。」

前文提到，其實漢代已有透過驛路進貢荔枝，所以，杜甫有首詩借古諷今：「憶昔南海使，奔騰獻荔枝。百馬死山谷，至今耆舊悲。」

順帶一提，**當時的驛站也稱驛樓，兼有住宿的功能，官員們出差經常寄宿在這裡**，唐詩中也留下了大量相關的詩句。

這些驛站大多修建得非常漂亮，其中最有代表性的褒城驛，甚至有自己的池塘和船。此外，杜甫〈秦州雜詩〉裡提及的驛站，有「從篁」（竹林）、「高柳」，條件也都不錯。

唐代詩人也很喜歡在驛站牆壁上寫詩，其他人經過看到了，還會和詩，跟今天在網路上發文、回覆一樣，算得上是一種獨特的「社交新媒體」。

宋代「金字牌」，日行五百里

據北宋沈括《夢溪筆談》記載，北宋驛傳有三等，分別是步遞、馬遞和急腳遞，急腳遞速度最快，一天能走四百里。

宋神宗時期，又設置了更快的「金字牌急腳遞」。「金字牌」是一個一尺多長的紅漆木牌，上面有金字「御前文字，不得入鋪」，意思是說，**凡是用金字牌傳送的文書，不在每一個驛站停留交接，省去轉運時間，所以特別快。**《夢溪筆談》說它「光明眩目，過如飛電，望之者無不避路，日行五百餘里」。

宋高宗曾經一天連發十二道金字牌，將岳飛從前線召回，並最終以「莫須有」

的罪名處死他。

服務於傳遞政府文書的驛站，大多稱為「急遞鋪」，這個名稱一直延續到清代。《西遊記》第三十五回裡，孫悟空曾經吐槽自己來回奔波，「比急遞鋪的鋪兵還甚」。鋪兵就是傳遞書信的快遞員，也稱急腳、急腳子或急足。

南宋的驛傳有特別法規。北宋《嘉祐驛令》已經失傳，但南宋的《金玉新書》後來被收入《永樂大典》，現在還能看到。該法特別規定，寄送的文書絕對不能盜竊、私拆，相關文書要限時送達；此外，對鋪兵的各種違規行為，都有具體的懲罰措施。

哈爾濱一帶，用三千隻狗送快遞

元代疆域非常遼闊，快遞事業就顯得格外重要。當時的驛站，蒙古語叫做「站赤」，數量也不少，有一千五百一十九處。而且和前代相比，這些驛站更豪華。

當時，到中國旅行的威尼斯商人馬可．波羅（Marco

▲ 急遞鋪令牌。

Polo），在他的《馬可波羅遊記》（*Le livre des merveilles*）裡羨慕的寫道：「從漢八里城（今北京），有通往各省四通八達的道路。每條路上，也就是說每一條大路上，按照市鎮坐落的位置，每隔四十或五十公里之間，都設有驛站，築有旅館，接待過往商旅住宿。這些就稱作驛站或郵傳所。這些建築物宏偉壯麗，有陳設華麗的房間，掛著綢緞的窗簾和門簾，供達官貴人使用。王侯即使在這樣的館驛下榻，也不失體面。因為需要的一切物品，都可從附近的城鎮和要塞取得，朝廷也會提供所需資源。」

自古以來，快遞主要是靠人和馬，水裡則是舟船，少數地區還有牛和驢，個別地方用轎。**元代在快遞史上的一大創舉，則是用狗來送快遞——東北偏遠地區，有用於冰上的驛狗。**

據統計，當時全國的驛馬四萬五千匹，東北哈兒賓（今哈爾濱）地區則有狗站十五處，供應驛狗三千隻。學者們現在還不太清楚這些狗的品種，但肯定不是據說能拉雪橇的哈士奇（husky）和阿拉斯加雪橇犬（Alaskan Malamute）。

明代出現民信局、僑批局，平民也能寄信到國外

前文提過，私人信件和物品不能用官方系統郵寄。宋太宗時稍稍放寬規定，官員近親之間的書信，可以隨同官府文書郵遞，但只能用最慢的步遞，不能用馬遞和急腳遞。不過，這限制一鬆綁，在現實生活中，就開始有人偷偷用急腳遞寄送私人信件物品。

元代時也規定站赤是用來傳送緊急軍情和公務，但到後來，無論政府官員還是各地貢使，乃至於民間商人、僧侶，各種物資需求都可以透過國家郵驛系統。當時經常馳驛的，有進鷹者、捕鶻鶉者、運送虎豹者、工匠、淘金人、采珠者、僧侶、商人、送喪嫁女、放貸取息、運送骨殖、送葡萄酒、進香送經、拘收皮貨等各種職業或目的，大大增加郵驛的負擔。

明代《永樂大典》第一九四二一卷中，就記錄了天曆三年（一三三〇年）三月兵部的指責：「今各衙門官員為營私事，不肯遵守法度，搬取家屬，收拾子粒，遷葬娶妻，送夫嫁女，氾濫給驛，以致站赤消乏。」

明永樂年間，正式出現了「**民信局**」，這並非官方機構，而**是純粹的民間商業**

組織，最早是在東南沿海一帶，尤其是浙江、寧波地區，其**業務就是為民間商人和百姓寄送信件**。不過在明代，民信局的業務談不上興盛，它真正興盛還是在清代中期以後。

大概在**明末清初，還出現了「僑批局」，負責傳送海外華人和國內親人之間的信件，也承接匯兌業務**。到了晚清最後幾年，大清郵政逐漸勢大，民信局和官方的驛站系統，最後都退出了歷史舞臺。

武俠小說常見的鏢局，清代才出現

提到快遞，第一個浮現在我們腦海的，往往是鏢局。尤其是在武俠江湖中，鏢局往往是重要角色。金庸小說中，就有《倚天屠龍記》的虎踞鏢局和燕雲鏢局、《笑傲江湖》的福威鏢局、《書劍恩仇錄》的鎮遠鏢局、《飛狐外傳》的飛馬鏢局、《雪山飛狐》的平通鏢局、《白馬嘯西風》的晉威鏢局、《鴛鴦刀》的威信鏢局等。

但是，**真正的鏢局其實很晚才出現，大約在康熙至乾隆年間**。有學者提出，目前可以考證的第一家鏢局，誕生於清代乾隆年間，叫「興隆鏢局」，創辦人是山西拳師張黑五。這個說法不一定正確，聊備一說。

網路上，有人說明代「打行」是鏢局的前身，這是錯誤的。清代褚人獲《堅瓠九集．打行》引《亦巢偶記》：「打行，聞興於萬曆間，至崇禎時尤盛，有上中下三等。上者即秀才貴介亦有之，中者為行業身家之子弟，下者則遊手負擔里巷之無賴耳。三種皆有頭目。人家有鬥毆，或訟事對簿，欲用以為衛，則先謁頭目。頃之齊集，後以銀錢付頭目散之，而頭目另有謝儀。散銀錢復有扣頭，如牙儈然，故曰行也。」可見打行其實就是類似打手的黑惡勢力，有時能起到保鏢的作用，但和鏢局沒有任何關係。

還有人說，明代的「標行」，其實就是鏢局的前身。《金瓶梅》第五十五回說，西門慶「家裡開著兩

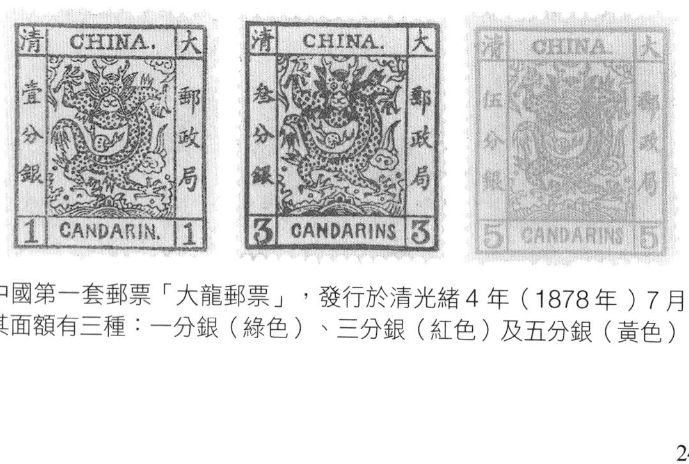

▲中國第一套郵票「大龍郵票」，發行於清光緒 4 年（1878 年）7 月。其面額有三種：一分銀（綠色）、三分銀（紅色）及五分銀（黃色）。

個綾緞鋪，如今又要開個標行」，有人望文生義，覺得此處標行就是後來的鏢局，其實不然。明代的標行，其實是用比價方式發包工程或買賣貨物的店鋪，和鏢局一點關係也沒有。

此外，《金瓶梅》裡，第六十六回和第六十九回還提到西門慶家的標船，這是一種從事長途商貨販運的船隻，一般在貨物生產地直接採購。將這種商船理解為「鏢局的船」，也是望文生義的結果。

古代快遞員，常奔波至死

宋代以前，為國家郵驛系統服務的快遞員，都來自民間。從先秦開始，平民需要承擔徭役和賦稅。徭役就是政府強制要求人民的軍役、勞役等，而幫國家跑腿當快遞員，就屬徭役的一種。這是很殘酷的工作，**從秦、漢至隋、唐，快遞員奔波至死的記載不絕於書。**

宋太祖時，「以軍卒代百姓為役夫，其後特置遞卒，優其廩給，遂為定制」。當時，用軍卒取代百姓，設置了專門的「遞卒」。實際上，相關工作主要還是廂軍

（按：宋代時，一種承擔各種雜役的軍隊）承擔，也就是鋪兵。

前文提到，孔子和漢高祖劉邦都在快遞業服務過，但其實他們都沒有親自跑過快遞。

至於中國歷史上最著名的快遞員，是明末的闖王李自成，他早年是銀川驛卒，是一個小小的快遞員。後來，他揭竿而起，前後用了十五年時間，為大明皇帝送上一份「大禮」（按：李自成為明末民變領袖之一。他攻入北京城，崇禎皇帝自縊，明代自此滅亡）。

20 書的雛型在宋代出現，流傳至今價值上億

中國的古籍經過數千年的發展變化，其書寫方式和裝幀形態經歷多次大改變。宋代的刊刻書籍，尤其是線裝書的出現，具有劃時代的意義。

從書寫的方式來說，最早採用刀刻、塗畫，最後發明了毛筆，這些都是手抄時代。而雕版印刷術的發明，推動文化大步發展，人類開始進入印刷時代，書籍的流通大為進步。

雕版印刷術的具體出現時間，自古以來就有爭議，一般認為其成型是在隋、唐之際，其出現和成熟可能受到佛教的影響，目前能看到一些唐代雕版印刷的實物，大部分是零碎的佛教經咒。

現存最早雕版印刷的大部頭書籍，是二十世紀初在敦煌藏經洞裡發現，唐咸通九年（八六八年）刻《金剛般若波羅蜜經》。這部佛經在敦煌重見天日後不久，就

被馬爾克．奧萊爾．斯坦因（按：Marc Aurel Stein，著名英國考古學家，買走敦煌莫高窟經洞中眾多物件，敦煌文物從此轟動歐洲）買走，此後一直保存在英國。

中國國內已知有紀年的最早雕版印刷品，是五代後唐天成二年（九二七年）刻本《佛說觀彌勒菩薩上生兜率天經》。

唐五代的雕版印刷實物非常少，明代以來大家都沒有見過。印刷行業真正興起在宋代，所以一般認為，最珍貴的雕版印刷書籍，就是宋刻本。

再從裝幀形態來說，最早的書籍可能是一塊石頭、一塊甲骨，後來慢慢使用木板和竹片，再後來才用絲織品和紙張。

古代有很長一段時間，竹簡、絲綢和紙質書籍的形態都是卷軸，我們今天談到古籍往往說「卷」，就是受這一裝幀形態的影響。

與今日書籍形態接近的包背裝（按：圖書裝訂法，將書頁的正面正折〔使文字朝外〕，以頁邊為背，再用棉紙黏裹、裝訂成冊）**或線裝書，是宋代以後才有**，所以宋版書在這一方面也是開創性的。有些古裝劇裡，會看到唐代人讀線裝書，這其實並不符合歷史真實狀況。

在宋代時，全國印刷行業的中心，主要是在浙江杭州和四川眉山。到了南宋，福建的建陽地區也成為一個中心，這幾個地區的刻本，分別被稱為浙本、蜀本和建本（也稱為閩本）。

這三個地區的刻本，整體來說以浙本品質最高。北宋刻書基本上都是官刻，因為大多是由國子監刊刻，一般也稱為監本。當時首都在開封，但國子監刻印圖書時，往往是在杭州雕版，再送到開封印行，所以北宋監本大多是浙本。

當時的國子監刻印不少書，都已經失傳，只有北宋末年國子監送杭州雕版時，版留在杭州，之後南宋初年補刻印行的幾部書留存至今，主要是十行本的《史記》、《漢書》和十四行本的《新唐書》。南宋時首都在杭州，所以這裡的刻書產業更加繁榮。

蜀本存世不多，刻印非常精良，尤其是大字本，但這一帶刊刻的小字本唐人文集，內容錯誤很多，所以是文物價值比學術價值高。

而建本則以品質低劣著名，建陽的刻書集中的麻沙、崇化兩坊，都是民間書商進行，俗稱「麻沙本」。這些書刻工還算講究，但校勘品質就馬馬虎虎，很難稱得上完善。

一頁宋版，一兩黃金

現在，人們提到宋版書，第一印象往往是「珍貴」。這種珍貴不僅體現在文化價值，也體現在其身價。

從明代開始，中國文人就開始有「佞宋」（特別喜愛收藏宋版書籍）的傳統。明代末年，著名的藏書家和刻書家毛晉，在汲古閣門前懸掛搜求宋版書的通告：「有以宋槧本至者，門內主人計葉酬錢，每葉出二百……有以時下善本至者，別家出一千，主人出一千二百。」

當時，就已經開始流傳「一頁宋版，一兩黃金」這句話。如今又過去了數百年，連明刻本都開始變成珍貴物品，存世的宋版書更加稀少，價值自然更高，一頁宋版書的價格早已經遠遠超出一兩黃金。**近幾年拍賣的宋版書，每部的價格幾乎都超過千萬，最貴的還高達上億。**

明、清以來，**收藏宋版書是所有藏書家的夢想，若有藏書家收藏有珍貴宋版，往往要隆重紀念，甚至有人將藏書樓名改為相關內容，以表達其得意自豪。**例如晚清四大藏書家之一的浙江陸氏皕（音同「必」）宋樓，他的藏書樓名，就是強調自家收藏宋版書有兩百種之多。當然，這個數字實際上有點吹牛，但皕宋樓所藏精品之多，當時在全國也堪稱獨步。

光緒三十三年（一九〇七年），這批藏書中的精品被日本靜嘉堂文庫收購，這是晚清文化界和藏書界爆炸性的大事件。靜嘉堂文庫從此一躍成為全球漢學研究的重鎮，其收藏中十八種古籍被列為日本「重要文化財」，其中十六種就是皕宋樓的舊藏。

晚清四大藏書樓中的其他三家，江蘇常熟瞿氏鐵琴銅劍樓，與山東聊城楊氏海源閣的藏書，大部分都進入中國國家圖書館；而浙江錢塘丁氏八千卷樓藏書，則進入南京圖書館，其中宋刻本大概有四十種。

全世界到底存有多少部宋版書？目前沒有極準確的答案。《中國古籍善本總目》收入的宋版書，大概有一千多種，其中收入前

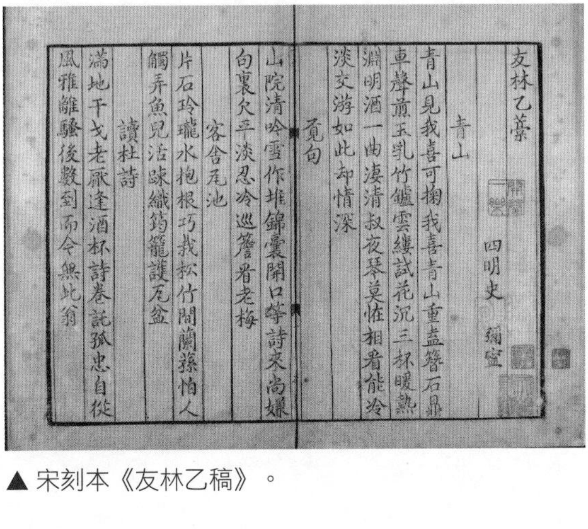
友林乙稾
四明史　編
青山
青山見我喜可掬我喜青山重盍簪石鼎車聲煎玉乳竹爐雲縷試花沉三杯暖熱淵明酒一曲凄清叔夜琴莫怪相看能冷淡交游如此却情深
覓句
山院清吟雪作堆錦囊開口等詩來尚嫌句裏欠平淡忍冷巡簷看老梅
客舍瓦池
片石玲瓏水抱根巧栽松竹間蘭蓀怕人觸弄魚兒活踈織筠籠護瓦盆
讀杜詩
滿地干戈老厭逢酒杯詩卷託孤忠自從風雅離騷後數到而今無此翁

▲ 宋刻本《友林乙稿》。

四批《中國珍貴古籍名錄》的宋刻本，有八百八十多種。

根據相關學者估計，中國現存的宋版書，約在一千五百部左右，臺灣和日本也存有數百部，**全球現有的宋版書數量大概是三千部。這些藏書絕大部分都已經歸入公立圖書館，在民間藏書家手中的屈指可數。**

得一奇書失一莊，還用美人換藏書

因為宋版書無比珍貴，歷代藏書家為了購藏，往往無所不用其極。明代著名文學家、官至南京刑部尚書的王世貞，藏書多達三萬餘卷，他有次**為了購得一部宋版《兩漢書》，竟拿出自己家一整座山莊來換**。後人有詩記敘此事：「得一奇書失一莊，團焦猶戀舊青箱。」

和王世貞同年中進士的朱大韶，更是傳奇。他退休後，在家鄉上海營建一個名為「文園」的私家園林，其中建了「尊經閣」等多個藏書樓。他酷愛宋版書，《遜志堂雜鈔》記載：「嘉靖中，朱吉士大韶，性好藏書，尤愛宋時鏤板。訪得吳門故家有宋槧袁宏《後漢紀》，系陸放翁、劉須溪、謝疊山三先生手評，飾以古錦玉簽，遂以一美婢易之。蓋非此不能得也。婢臨行，題詩於壁，曰：『無端割愛出深閨，猶勝前人換馬時。他日相逢莫惆悵，春風吹盡道旁枝。』吉士見詩惋惜，未幾捐館（去世之意）。」

故事是這樣的：當時江蘇吳門故家有宋版《後漢紀》，上面有陸游等名家的手寫題跋，珍貴無比，朱大韶自然也想得到這部珍藏，但藏家提出的條件非常獨特，一定要拿一位「美婢」來換。朱大韶愛書心切，竟然**拿自家美女去換這部宋版書**。這位美女臨走前，寫了首詩，表達自己的依依不捨和埋怨。朱大韶看到這首詩，又陷入無盡的悔恨，竟然因此鬱鬱而終。

也有藏書家為了保護自己的收藏，對自己所藏的宋刻本祕而不宣。著名的文學家、藏書家錢謙益，收藏大量宋版書，上文提到王世貞用莊園換來的宋版《兩漢書》，後來也流入錢謙益的手中。他藏有宋刻本的《九國志》和《十國紀年》，同時代的另一位大藏書家曹溶是他多年老友，經常找他抄書，想借他的這兩部書抄錄一份。

錢謙益本來已經答允，事到臨頭卻又反悔，跟曹溶說：「我其實沒有這兩本書，以前說有，只不過是為了炫耀而騙你的。」

錢謙益晚年時，他的藏書樓絳雲樓失火，多年收藏毀於一旦，被稱為是江南圖書的一大劫難。曹溶來安慰他，這個時候他才說了實話：「我其實真的收藏了這兩部書，當年怕藏書被拿去輾轉丟失，才騙你說沒有，早知如此，當時要是借給你，我還能跟你抄錄個副本。現在，天地之間再也沒有這部書了。」

▲ 錢謙益像。

宋版書身價到底多高？

前文提到，宋版書全球大概有幾千種，但大部分都是南宋刻本。北宋刻本除了佛經之外，留存至今不過二十種，它們大部分都流到海外，中國保存的只有兩、三部。一部是北京國家圖書館藏北宋刻本《范文正公文集》，是仁宗時期重臣范仲淹文集，其刊刻年代在宋仁宗之後。

另一部北宋刻本是收藏在南京圖書館的景祐《禮部韻略》，很可能是宋仁宗時期的刻本。這部刻本一直流傳於民間，近年才在江西被發現，被學術界譽為「兩百年來古籍界最大發現」。它的刊刻時間，在北宋仁宗景祐四年（一〇三七年）至英宗治平三年（一〇六六年）之間，為海內外孤本。

二〇一三年十二月，在北京匡時二〇一三秋季拍賣會上，**發現於江西的北宋刻本《禮部韻略》**（四卷五冊全）以人民幣六百萬元起拍，最終以人民幣兩千六百萬元落槌，含佣金**成交價為人民幣兩千九百九十萬元**（按：當時人民幣兌新臺幣之匯率約為四．九元，最後成交價相當於新臺幣一億四千六百五十一萬元）。此書經此途徑得以入藏南京圖書館。

《禮部韻略》由北宋丁度等人奉敕編撰，成書於宋仁宗景祐四年。宋初科考中的一項重要內容是試詩賦，寫詩作賦，要牢記字韻，還不能犯諱，所以催生韻書的纂修。《禮部韻略》作為兩宋科舉考試的權威官韻，是當時科舉考試的重要基礎工具書，有人將其類比於今日的《新華字典》（按：中國一部權威性的小型現代漢語規範字典）。

在這部書被發現之前，我們所知道的《禮部韻略》存世最早刻本，是日本真福寺藏本。而南京圖書館所藏這個刻本，不僅比日本真福寺藏本刊刻時間早，而且去聲、入聲兩卷保存完好，學術價值很高。

畢昇發明活字印刷，比西方早四百年

中國電視劇《清平樂》講述宋仁宗的故事，就中國古籍發展來說，宋仁宗時期也有著劃時代的進步。最重要的表現，是慶曆年間（一〇四一－一〇四八年）**畢昇在雕版印刷術的基礎上，發明活字印刷術**。

同時代的沈括，在其《夢溪筆談》中有詳細記載：「慶曆中有布衣畢昇，又為活版。其法用膠泥刻字，薄如錢脣，每字為一印，火燒令堅。先設一鐵板，其上以松脂、蠟和紙灰之類冒之。欲印則以一鐵範置鐵板上，乃密布字印，滿範為一板，持就火煬之，藥稍熔，見以一平板按其面，則字平如砥。若止印三二本，未為簡易，若印數十百千本，則極為神速。」

活字印刷的發明意義重大，使中國印刷術走上科學化的階段。現今印刷技術突飛猛進，但在基礎原理上，和畢昇的思路仍然一脈相承。**西方發明活字印刷**的德國人約翰尼斯・古騰堡（Johannes Gutenberg），**是在整整四百年後的一四四〇年**。

非常遺憾的是，**宋代活字印刷的書籍沒有一部能夠流傳至今**，所以我們討論宋版書時，都是雕版印刷的。這也是有些學者懷疑畢昇發明活字印刷術真實性的原因。元代有人發明了木活字；明代在南京、蘇州等地，有人用銅活字印書，現在還能看到實物。

實際上，古代就有人質疑，沈括記載畢昇做的膠泥刻字是否能夠印書，因為泥字很容易破碎。

清代道光年間，蘇州人李瑤**根據沈括的記載，復原宋代泥活字印刷法**，印刷《南疆繹史勘本》和《校補金石例四種》兩部書，證明這個方法確實可行。此後，安徽人翟金生和兩個兒子，花了三十多年的時間，做了十萬多個泥活字，並以此印行不少書籍，更證明泥活字印刷的可靠。

21 中國歷史上第一次「閱兵」，是曹操

中國數千年的政治軍事史上，曾經有過多次載入史冊的閱兵。

中國的閱兵歷史悠久，起源於上古時期，最早閱兵的領袖，有人認為是黃帝，有人認為是大禹。

認為是黃帝閱兵，就是根據《史記》中的記載，黃帝軒轅「修德振兵，治五氣，蓺五種，撫萬民，度四方，教熊羆貔貅貙虎，以與炎帝戰於阪泉之野。」意思是說黃帝修養美德，整頓軍隊，帶著以熊、羆（棕熊）、貔貅、貙（雲豹）、虎等動物為圖騰的部落，將要和炎帝大戰。有學者認為，這個過程就是閱兵的雛形。後來，黃帝軒轅和炎帝在阪泉大戰三次，最終戰勝炎帝，炎帝稱臣，成為同盟。

認為是大禹閱兵，則是針對他發起「塗山會盟」的解讀。據《左傳》記載：「禹合諸侯於塗山，執玉帛者萬國。」有學者認為，這次會盟舉行的儀式也是一種

閱兵。

我們現在所說的閱兵，主要還是指在節慶、出征、迎賓等重要時刻，舉行檢閱武裝力量的儀式。**「阪泉之戰」和「塗山之會」這兩起事件，最多只能看作是閱兵的雛形**，和我們認知中的閱兵頗為不同，並非狹義上的閱兵儀式。而且，關於這兩個歷史事件，學者自古以來就有不同的解讀，其真實性也沒有成為學界的共識。

原是狩獵，逐漸轉變為宣揚國威

周朝時，國君每年舉辦四次大規模的狩獵。《左傳・隱公五年》：「故春蒐（搜）、夏苗、秋獮、冬狩，皆於農隙以講事也。」郭沫若認為，這種大型田獵活動，可能在商朝就已經出現了。

隨著常備軍制逐步確立，這種狩獵活動的生產意義越來越淡，練兵、閱兵的軍事功能則越來越強，宣揚國威、推行教化的政治意義也更加重要。有些諸侯國每三年就要「治兵」一次。

搜本意是指春季狩獵，但後來「大搜」已經是一種軍事大檢閱，《左傳・僖公二十七年》就記載晉文公的大臣子范的言論：「於是乎大搜以示之禮。」目的是透過軍事閱兵，讓百姓「知禮」。

當時的閱兵也稱作「觀兵」。「觀兵」一詞在西周金文中就有，而在《左傳》、《國語》等先秦典籍中也經常出現。例如《左傳．僖公四年》：「觀兵於東夷。」《左傳．宣公十二年》有「觀兵以威諸侯」的說法，《左傳．襄公十一年》則有記載「圍鄭，觀兵於南門」等。

其中，最戲劇性的觀兵是宣公三年（西元前六〇六年），楚莊王觀兵於洛水，向周王朝示威。周派使者慰勞，「楚子（楚莊王）問鼎之大小輕重」，表現奪取周朝天下的明顯野心。這個故事，也是「問鼎」典故

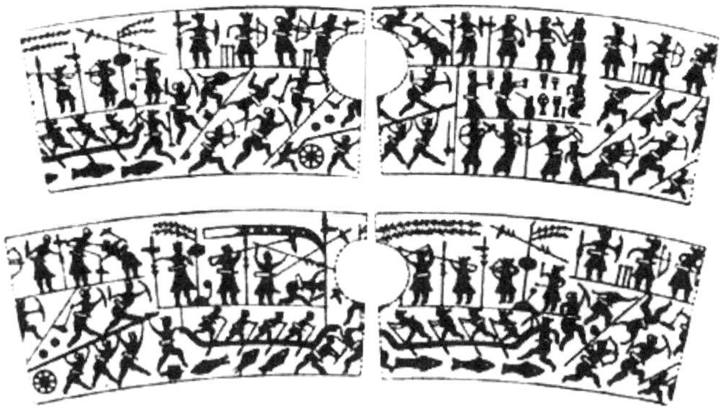

▲「水陸攻戰紋」，戰國時代青銅器上的紋飾，描繪陸戰、水戰、攻城及宴飲的情形（器物年代約為西元前 475－前 221 年）。

的由來。

諸侯國經常閱兵，尤其是晉、魯、齊、楚四國，相關紀錄在《左傳》中非常多見。其中一次奇特的閱兵值得一說。《春秋》記載，魯桓公六年「秋，八月壬午，大閱」。

「大閱」是閱什麼呢？《左傳》解釋：「秋，大閱，簡車馬也。」簡就是檢，也就是檢閱車馬的意思。《穀梁傳》的解釋更詳細：「大閱者何？閱兵車也。修教明諭，國道也。平而修戎事，非正也。其日，以為崇武，故謹而日之，蓋以觀婦人也。」這裡所說的大閱，就是大規模檢閱武裝力量，和今日閱兵的概念完全相同。

不過，八月並非田獵的時間，魯國在這時閱兵，當然是有特殊的圖謀，是為了什麼呢？《穀梁傳》明確說是為了「觀婦人」。這三個字，有些學者認為應該理解為「引誘女性來看」，但也有學者認為，是魯桓公為他的夫人文姜而閱兵。這說明他對文姜的寵愛，但可悲的是文姜似乎從不愛他，偏偏他正是因文姜而死。

文姜是齊僖公之女、齊襄公異母妹，她出嫁前就與哥哥齊襄公兄妹亂倫私通，婚後又再度私通。魯桓公發覺之後，反被齊襄公派人折斷他肋骨害死。

「閱兵」始於曹操當權時期

秦代取消了周朝結合春夏秋冬狩獵舉行的閱兵，只在秋季閱兵。漢代閱兵繼承秦制，相關儀式已經非常成熟，每年秋天在京城和各郡國都有校閱活動，這種閱兵一般叫「講武」。

其中，京城舉行的講武閱兵，叫做「乘之」。《文獻通考．兵考九》記載：「漢承秦制，三時不講，唯十月車駕幸長安水南門會五營士，為八陣進退，名曰『乘之』。」乘之是實兵演練。

《後漢書．禮儀中》還記錄漢代時，兼具閱兵和祭祀的儀式「貙劉」：「武官肄兵，習戰陣之儀、斬牲之禮，名曰貙劉。

▲ 秦代兵馬俑與車馬俑。

兵、官皆肄孫、吳兵法六十四陣，名曰乘之。」在這個儀式中，帝王親自參加，官兵會演練孫武、吳起兵法的六十四陣。

《後漢書》記載，中平五年（一八八年），漢靈帝劉宏「發四方兵，講武於平樂觀下」，當時規模很大，「列步兵、騎士數萬人，結營為陣。天子親出臨軍，駐大華蓋下」。參加的士兵有好幾萬人，漢靈帝也親自參加。

至於各郡國的講武，稱作「都試」或「秋射」，是各個郡國由太守、都尉檢閱地方武力的大規模軍事演練。一直到東漢光武帝年間，為了集權中央，才取消地方的都試。

中國古代最早使用「閱兵」這個詞，很可能是在漢獻帝建安年間晚期，當時實際掌握首都政治權力的是魏王曹操。

《晉書》卷二十一記載建安二十一年（二一六年），相關部門上奏：「古四時講武，按漢西京承秦制，三時不講，唯十月都試金革。今兵戈未偃，士眾素習，可無四時講武，但以立秋擇吉日，大朝車騎，號曰閱兵。」就是建議要在秋天舉行名為「閱兵」的大型檢閱和演練軍事力量的活動。

這年十月的大閱兵，魏王曹操「親執金鼓，以令進退」。漢獻帝延康元年

（二二〇年），曹操的兒子曹丕繼任魏王，也「閱兵於郊」。就在這一年，曹丕正式逼迫漢獻帝禪讓，建立曹魏。曹丕的兒子魏明帝繼位後，在剛剛改元的太和元年十月，也舉行了大型閱兵活動。

「沙場秋點兵」：詩文中的閱兵紀錄

唐、宋閱兵也非常頻繁，**唐太宗、唐高宗時期，幾乎每年都舉行講武校閱，宋太祖甚至曾一年七次檢閱水軍**。唐、宋是中國文學非常璀璨的時期，也留下不少關於大閱兵的詩文精品。

據學者考證，唐玄宗開元九年，曾經以「大閱」作為進士考試的賦題。我們現在還能看到《文苑英華》卷六十四中，有兩篇當時的〈大閱賦〉，一篇的作者署名胡瑱，另一篇則已佚失作者姓名。胡瑱〈大閱賦〉描寫大閱兵：「旌旗奝奝而風飛，士馬囂囂而雲萃。竟澤彌谷，殷天動地。銜枚無聲，擊鼓作氣。雕弓月滿，寶刀霜利。中前驅，誅後至。為三表而有節，歷千古而不墜者也。」現在讀起來，還能感受到當時的氣勢。

宋代詩人陸游有一首七言律詩〈成都大閱〉，是他在淳熙二年（一一七五年）參加成都閱兵大典禮時所作：「千步球場爽氣新，西山遙見碧嶙峋。令傳雪嶺蓬婆外，聲震秦川渭水濱。旗腳倚風時弄影，馬蹄經雨不沾塵。屬櫜縛褲毋多恨，久矣儒冠誤此身。」第一聯寫大閱的時令和環境；第二、三聯寫大閱的情景並讚揚之；最後一聯抒情，蘊含「棄筆從戎」的感慨。

宋代豪放派詞人辛棄疾詞中的「沙場秋點兵」，也可視作是一種閱兵。而同為豪放派詞人的劉過，有首〈沁園春・張路分秋閱〉，記錄了一次小型的閱兵，氣勢非凡：「見秋原如掌，槍刀突出，星馳鐵騎，陣勢縱橫。」

畫裡的清代大閱兵：乾隆大閱圖

沒有照相機的年代，閱兵的盛大場景往往只留存在古籍中的幾句表述裡。但清乾隆年間有位外國畫家，用手裡的畫筆記錄了一次盛大閱兵儀式上的主角：乾隆皇帝。此外，更有一群宮廷畫家，用畫筆定格了大閱兵儀式的場面。

清代舉行大閱的制度，和前朝相差不大。《清史稿・禮志九》：「天聰七年，太宗率貝勒等督厲眾軍，練習行陣，是為大閱之始。順治十三年，定三歲一舉，著為令。」

乾隆皇帝繼位後的第四年，曾在京郊南苑舉行閱兵式，檢閱八旗官兵，這是他第一次大閱兵。二十年後的乾隆二十三年（一七五八年），他又舉行了一次大閱兵。這兩次閱兵，義大利人郎世寧（**Giuseppe Castiglione**）都繪製了〈乾隆皇帝大

▲ 章懷太子墓出土〈狩獵出行圖〉局部，此圖呈現唐代貴族出獵的景象。章懷太子李賢為唐高宗第六子、武則天第二子，曾受封為皇太子，後遭武則天猜忌貶黜，最終在流放地自盡。

▲〈乾隆皇帝大閱圖〉（清代，郎世寧繪），為乾隆 29 歲的戎裝像，繪於乾隆 4 年（1739 年）大閱。

閱圖〉軸（也有人稱之為〈乾隆皇帝戎裝像〉或〈乾隆戎裝大閱圖〉）。由於郎世寧同樣題目的畫有兩幅，導致不少人混淆。

而描繪乾隆四年大閱兵場景的，還有另一〈大閱圖〉。這個〈大閱圖〉原有四卷，分別為第一卷「幸營」、第二卷「列陣」、第三卷「閱陣」、第四卷「行陣」。其中，第二卷現藏於北京故宮博物院。畫卷的作者為宮廷畫家金昆、程志道、吳桂、程梁、姚文翰、盧湛、張廷彥、金聲、丁觀鶴、陳永價。

北京故宮博物院收藏的〈大閱圖〉第二卷「列陣」，主要描繪閱兵時八旗軍官的佇列，並在畫的結尾以文字詳細敘述。該圖第一卷目前下落不明；第三卷「閱陣」在二〇〇一年佳士得（Christie's）秋季拍賣上，被私人收藏家以近一千六百萬港幣（按：當時港幣兑新臺幣之匯率約為四．四元，一千六百萬港幣相當於新臺幣七千零四十萬元）得標；第四卷「行陣」則是二〇一一年時，在法國以兩千兩百零五萬歐元（按：當時歐元兑新臺幣之匯率約為四十一元，兩千兩百零五萬歐元相當於新臺幣九億四百零五萬元）售出。

22 中國文明史，就是與疫病對抗的歷史

我們生活的地球，其實就是一顆「病毒星球」。病毒深刻影響著人類的發展，雖然人類很晚近才認知到這件事。

美國科普作家卡爾・齊默（Carl Zimmer）的《病毒星球》（*A Planet of Viruses*）一書中，就深入淺出的介紹病毒和人類的互動。

當然，病毒這個詞被用來表示當今我們所理解的這個意思，僅有一百多年的歷史。**在漫長的人類歷史中，更常見的詞是「瘟疫」**。

中國數千年的漫長文明史中，瘟疫的身影一直若隱若現，並成為推動歷史走向的「隱形推手」。

如果說，「**中國古代文明史，就是與疫病鬥爭的歷史**」這個說法還略顯誇張的話，「瘟疫深刻影響著中國文化的細節」應該可算是個實事求是的說明。

當代最著名的美國歷史學家威廉・麥克尼爾（William McNeill），在他的《瘟疫與人》（*Plagues and Peoples*）一書中，提出一個新穎大膽的假說：是疫病妨礙了中國早期南方文明的發展。

中國南方水土肥沃，自然條件得天獨厚，但華夏文明早期的中心一直在北方，在經歷一段極為漫長的時期後，南方才全面融入中國社會的有機整體。

麥克尼爾就認為，往南方的征途中，疫病是難以跨越的障礙。當然，這個觀點要找到十足的證據很困難，但麥克尼爾還是用《史記》裡「江南卑濕，丈夫早夭」的紀錄來佐證自己的論點。

而在《史記》之後的歷史文字中，我們可以更清晰的看見中國人與瘟疫戰鬥的歷程。

古代爆發過多少疫情？平均每七年一次

中國古代到底爆發過多少次嚴重的疫情，真實的資料早已被歷史長河沖刷，無法準確獲知，但浩瀚典籍其實也提供我們豐富的線索。一九四〇年，中國暨南大學

（按：位於廣東）史地系教授陳高傭曾編寫了一部《中國歷代天災人禍年表》，以年表的形式統計從秦至清兩千多年間的天災人禍，其中天災以水災和旱災為主。美國昆西大學（Quincy University）遠東史教授約瑟夫・H・查（Joseph H. Cha）在此基礎上，又編纂過〈中國流行病史〉（收錄於《瘟疫與人》附錄），雖然還不夠完善，但我們可以看到中國古代大疫情的基本樣貌。

在這個**始於西元前二四三年、終於一九一一年的年表中，總共記錄近兩百九十次疫情，平均每七年就有一次。**

而有中國學者統計，從**西元前七世紀到二十世紀之間，記錄在案的較大規模瘟疫，有七百多次。**

古代史籍中，關於疫情的許多描述都不夠清晰，因此我們只能大概了解其規模，但很難完整且準確的評估這些疫情產生多大影響。

儘管如此，在一些留下死亡人數的紀錄中，我們還是能夠透過泛黃古書，看到當年令人痛心的往事。

以下摘錄其中一部分資料：

一六年，一場疫情讓大規模入侵南方的胡族，死亡「十之六七」。

三一二年，繼蝗災和饑荒之後，瘟疫隨之而來，華北、華中成為廢墟，陝西只有一%至二%的人活下來。

四六八年，疫病在全國爆發，第二年又繼續在河南、河北、湖北等地爆發，十五萬人死亡。

六八二年，河南、山東疫情，屍骨遍野。

八九一年，江蘇、安徽和湖北爆發瘟疫，湖北「十死三四」。

一二三二年，北宋滅亡前夕，河南爆發疫情，五十天內死亡九十萬人。

一三〇八年，浙江疫情，兩萬六千人死亡。

一三五八年，山西、河北疫情，二十萬人死亡。

一四〇八年，江西、四川、福建一帶，近八萬人死亡；兩年後又一疫情在福建爆發，一萬五千戶家庭消失。

一八五三年，河南疫情，一萬人死亡。

十九世紀中、後期爆發於雲南的鼠疫，傳播至全國各地，死亡率達到六〇%。

赤壁之戰，曹操退兵是因為疫情

歷史上經常會提到，第一次世界大戰的終結和流感之間的關係，在某種意義上，的確是西班牙流感提前結束了一戰，甚至扭轉勝利者的歸屬。

雖然被稱為西班牙流感，但它很有可能起源於美國，並隨著美國軍營傳遍全國，進而透過美軍進入歐洲，隨後蔓延到全世界。西班牙流感的死亡率高達二・五％至五％，是全球有史以來最恐怖的流感之一。

而且，這場流感死亡率最高的是年輕人，他們正是支撐戰爭的主力，因此戰爭在流感肆虐之下只能偃旗息鼓，德軍精心策劃的「最後一擊」，就因為士兵染病過多而化為泡影。

據說，當時全球十八億人中，可能有超過三分之一被感染，而死亡人數則在兩千五百萬至四千五百萬。這超過整個第一次世界大戰的死亡人數——一千六百萬（按：含軍事人口死亡、因軍事行動死亡的平民、因戰爭導致的饑荒與疾病而死亡的平民）。

在中國，因為疫情被改寫的歷史也屢見不鮮。例如三國時期赤壁之戰，這是三國時期「三大戰役」之一，也是中國歷史上以少勝多、以弱勝強的著名戰役。我們都非常熟悉這場戰役的結局，孫權、劉備聯軍最後以火攻大破曹軍，曹操北回，孫、劉各自奪去荊州的一部分，奠定三國鼎立的基礎。

但在正史《三國志．曹操傳》的記載裡，我們還能看到一個細節：「公至赤壁，與備戰，不利。於是大疫，吏士多死者，乃引軍還。備遂有荊州、江南諸郡。」由這段記載可以看到，**真正迫使曹操退兵的直接原因，並非小說和戲曲中種種戲劇化的神奇故事，而是軍隊中爆發的疫情。**

至於**明代滅亡，鼠疫可能是壓倒駱駝的最後一根稻草**。一六四三年，京師大疫。《明史》載：「崇禎十六年，京師大疫，自二月至九月止。明年春，北畿、山東疫。」《明通鑑》載：「京師大疫，死者無算。」《明崇禎實錄》載：「京師大疫，死亡日以萬計。」因疫病死者之多，以至於北京城的各大城門，都被出城的棺材擋住去路。後來，更有不少家庭是全家死亡，屍體無人收斂。

這一年正月，李自成的軍隊席捲半個中國，而北京城中，瘟疫之初有兩萬七千匹戰馬，但到了一六四四年李自成破城之前，北京軍隊中能作戰的馬匹僅剩下一千匹。北京城的士兵更是由十萬銳減至五萬，倖存的士兵也因為身體虛弱而失去戰鬥

▲〈赤壁圖〉（南宋人繪）。

能力，文獻記載他們「衣裝狼狽，等於乞兒」。

雖然，我們不能將明代滅亡的責任全算到瘟疫頭上，但也確實應該承認，這場瘟疫是明代滅亡的直接原因之一。

疫病記憶，留存在節日習俗之中

在歷史上，疫病對於中國人的文化和日常生活，有深刻的影響。延續至今的文化記憶裡，依舊可以看到疫病的影子。其中影響最深遠的一項，當屬春節。

戰國末期的《呂氏春秋》中記載，在季冬時要「命有司大儺（音同「挪」）」，儺就是驅除災疫的祭祀，主要是為了驅逐疫癘之鬼。

古人很早就認知到疫病的危害，例如《周禮》說：「四時皆有癘疾。」《左傳》記載：「天有菑癘。」《黃帝內經・素問》載：「厲大至，民善暴死。」都是針對疫病危害的紀錄。王充《論衡》中也提到，鬼魅作祟，因而產生瘟疫，應當驅鬼或祈神祛除。儺的儀式，正表達人們抗擊疫病的美好願望。

西晉周處所編《風土記》一書中，開始出現「除夕」這個詞，指的就是農曆一年中最後一個夜晚。這一夜會燃放爆竹，目的就是「辟邪驅鬼」。

除夕的儺儀，一直保留到後代。《後漢書．禮儀．大儺》記載當時的儀式：方相氏（儺舞中的主角）領舞，頭戴四個金色眼睛的假面，穿黑色上衣、繫紅色圍裙、手掌蒙熊皮。方相氏一手執長戈，另一手執盾牌，並用長戈向四方衝擊，喊聲震地。

宋代《東京夢華錄》記載除夕這一天，「禁中呈大儺儀。並用皇城親事官、諸班直戴假面，繡畫色衣，執金槍龍旗」。而且，儀式隊伍「共千餘人，自禁中驅祟，出南薰門外轉龍灣，謂之『埋祟』而罷。是夜禁中爆竹山呼，聲聞於外」。

大年初一，也需要袪除疫鬼。南北朝時期《荊楚歲時記》記載：「雞鳴而起，先於庭前爆竹，以辟山臊惡鬼。」大年初一這一天雞鳴時分，家家戶戶都早早起床，在庭前點燃爆竹，主要就是為了辟邪、驅逐山臊惡鬼。

什麼是「山臊惡鬼」？據其引用漢代《神異經》記載的傳說，在西方大山中，有一種只有一個腳、身高尺餘的怪物，人要是遇到它，就會寒熱不調、容易生病，這個怪物就叫「山臊」。這種鬼最怕的，就是竹子在火裡燃燒時劈劈啪啪的聲音。

元代陳元靚《歲時廣記．祭瘟神》說，在宋、元時代，元旦日四鼓時各家都要

▲〈大儺圖〉（宋人繪）。畫面中共有 12 個人，都穿著奇異的服裝，戴著各式帽子、插著花，臉部可能是化了妝或戴面具。現藏於北京故宮博物院。

祭祀瘟神，以保一年平安。可以說，除夕和初一的習俗裡，都保留著古人驅逐疫病的原始記憶。

端午節的一些習俗，也可能與瘟疫有關。據宋代吳自牧《夢粱錄》和陳元靚《歲時廣記》所載，端午這天午時，切菖蒲以泛酒中，飲之可辟瘟氣，因此這天也稱「蒲節」。《帝京歲時紀勝》曰：「五月五日，細切蒲根，拌以雄黃，曝以浸酒，飲餘則塗抹兒童面頰、耳鼻，並揮灑床帳，以避毒蟲。」

此外，古代有很長一段時間，會在五月五日這天祭祀瘟神。

人人只想送走的神：瘟神

毛澤東〈送瘟神〉詩中寫道：「借問瘟君欲何往，紙船明燭照天燒。」請問瘟神，你要到哪裡去呢？人們已焚燒紙船、點燃蠟燭，火光照耀天際，用這些來送走瘟神，表達對瘟神的蔑視和嘲笑，表現勝利的自豪和喜悅。

在中國古代，長期存在著瘟神的信仰。早期，人們認為一些怪獸可能導致瘟疫，例如《山海經》中對瘟疫的描繪，有著傳奇色彩：「又東二百里，曰太山，上多金玉、楨木。有獸焉，其狀如牛而白首，一目而蛇尾，其名曰蜚，行水則竭，行草則死，見則天下大疫。」

後來，人們認為疫病來自疫鬼。至於疫鬼，《漢舊儀》提到：「顓頊氏有三子，生而亡去為疫鬼，一居江水，是為瘧鬼；一居若水，是為魍魎鬼；一居人宮室區隅，善驚人小兒。」可見它是顓頊帝的大兒子。而針對疫鬼，古人採取的方式是逐除。

漢代起，開始出現瘟神與瘟鬼並存的看法，東漢的《五瘟傷寒》一書，認為瘟鬼是施瘟者，同時還有對付瘟鬼的正神。瘟神在後代成為民眾祭祀的對象。從鬼而神，這或許可以理解為人與疾病的某種妥協，或是人與自然和諧相處的願望。

即使是在科技進步的今日，**完全消滅那些給人類帶來疾病的病毒和微生物，也是不可能的任務。因此，我們更期待能與之長期和諧相處。**

現在通行的瘟神的傳說故事，脫胎於隋代，但成型可能是宋、元時期。《三教源流搜神大全》載，隋文帝開皇十一年（五九一年）六月，「有五力士現於凌空三五丈餘，身披五色袍，各執一物……帝問太史張居仁曰：『此為何神，主何災福？』答曰：『此是五方力士，在天為五鬼，在地為五瘟。春瘟張元伯，夏瘟劉元達，秋瘟趙公明，冬瘟鍾仁貴，總管中瘟史文業。現天降災疾，無法逃避。』是歲果有瘟疫，國人病死者甚眾。」後來，隋文帝為這五位神靈建祠廟，並冊封為將軍。

這五位神靈的名字，明代小說《封神演義》中有不同的描述，分別是主掌瘟癀昊天大帝呂岳、東方行瘟使者周信、西方行瘟使者朱天麟、南方行瘟使者李奇和北方行瘟使者楊文輝。

《封神演義》小說廣泛流行，也對民間信仰產生重大影響。有學者研究發現，南宋時構建的天庭，甚至設置了職掌瘟疫施放的正規部門——瘟部，前代出現的各種司職人員，還有瘟鬼、疫鬼等都屬歸瘟部管理。瘟部「全如官府」，集行瘟、防瘟、除瘟功能三位一體，替天行道，懲惡揚善。在明、清時期，除了五路瘟神，有些地方還有瘟神太子菩薩等其他瘟神。

祭祀瘟神的儀式，與祭祀其他神仙不同，核心在於「送」字。宋人筆記《雞肋編》中詳細記錄了「送瘟神」的過程：「作『五瘟社』，旌旗儀物，皆王者所用，唯赭傘不敢施，而以油冒焉。以輕木製大舟，長數十丈，舳艫檣柁，無一不備，飾以五采。郡人皆書其姓名年甲及所為佛事之類為狀，以載於舟中，浮之江中，謂之『送瘟』。」

送瘟神的儀式中，要把瘟神送上輕木製成、裝飾五種顏色的大船。人們把自己的姓名、年紀等資訊，以及家人所做的佛事清單寫在紙上，一併放到船裡，任由大

▲明代五毒補子。五毒，指蛇、蠍、蜈蚣、蟾蜍和蜥蜴五種毒物，而要驅逐五毒就得派出虎。明代宮廷中，端午節時會特製五毒補子，皇親國戚、文武官員將驅毒避邪的圖樣穿在身上。

船隨江水漂浮，寓意即為把瘟神送走。

明、清時期，**全國各地送瘟神的儀式各不相同，大部分是做瘟船**，這種船有的是木頭，有的是蘆葦，但**最多的是紙製，儀式最後要把紙船燒成灰，可能是要表達徹底送別瘟神的決心**。

此外，送瘟神的時間各地也有不同，但以端午節這天最多，甚至有一些地方將端午龍舟視為送瘟船。也有在三月、四月、五月十七、五月十八等時間送瘟。總之，全國各地的送瘟方式大致接近，但各有風格。

五瘟使者

昔隋文帝開皇十一年六月內有五力士現於凌空三五丈於身披五色袍各執一物一人執杓子并罐子一人執皮袋并劍一人執扇一人執鎚一人執火壺帝問太史居仁曰此何神主何災福也張居仁奏曰此是五方力士在天上為五鬼在地為五瘟名曰五瘟春瘟張元伯夏瘟劉元達秋瘟趙公明冬瘟鍾仕貴摠管中瘟史文業如現之者主國民有瘟疫之疾此為天行時病也帝曰何以治之而得免矣張居仁曰此行病者乃天之降疾無法而治之於是其年國人病死者甚衆是時帝乃立祠於六月二十七日詔封五方力士為將軍青袍力士封為顯聖將軍紅袍力士封為顯應將軍白袍力士封為感應將軍黑袍力士封為感成將軍黃袍力士封為感威將軍隋唐皆用五月五日祭之后匡阜真人遊至此祠即收伏五瘟神為部將也

▲清代《三教源流搜神大全》中的五瘟使者。

古人抗疫，累積醫療經驗與成果

文獻中，發生在中國的瘟疫種類繁多，包括天花、鼠疫、白喉、猩紅熱、霍亂、斑疹傷寒、傷寒、肺病、漢生病（痲瘋病）、瘧疾、血吸蟲病等。古人一般把傳染病都稱作「疫」，傳染性強烈的是「瘟」，流行病、傳染病則統稱為「瘟疫」。

在和瘟疫抗爭和共存的歲月中，古人的醫學知識雖然有一定的局限，但也積累非常多的應對及治療經驗。

醫學上的經驗取得了不少成果，其中最具有代表性的是《傷寒雜病論》和《瘟疫論》。東漢末年，醫聖張仲景完成了《傷寒雜病論》，所謂「傷寒」實際上就包括了瘟疫。

明代末年，江蘇醫學家吳又可深入疫情嚴重地區，救死扶傷之外，研究了瘟疫的感染途徑、傳播方式、臨床表現、治療方法，整理、撰寫出中國醫學史上第一部急性傳染病專著《瘟疫論》。吳又可提出，疫病病因是天地間存在的一種「戾氣」，這是人肉眼看不到的物質，可以透過口、鼻進入身體。這是相當偉大的創見，已具有現代傳染病學的初步認識。

清代醫學家吳瑭有多位家人死於溫病（按：一種發病時體溫會快速升高的病症表現），他發奮讀書，精研醫學，受到吳又可、葉天士（按：清代名醫）影響，完成《溫病條辨》一書，不僅深入剖析溫病，還留下很多方劑，對中國醫學發展貢獻良多。

在古代瘟疫流行的時期，政府往往會派出醫生為民眾治療，並派政府人員分發藥物。例如，漢代建武十四年（三八年）大疫，太守鍾離意親自接濟醫藥；建寧四年（一七一年）三月大疫，命中謁者巡行致醫藥；宋代初年大疫，宋太宗將《太平聖惠方》發布各地，並由太醫署安排良醫在首都救治病人。

此外，民間也往往有醫生主動懸壺濟世。魏晉南北朝時期，醫僧聚集的寺院，在遇到瘟疫流行時，也起到保民救難的重要作用。竺法曠、訶羅竭等高僧都本著慈悲精神，救治民眾。

疫病流行時，死者的遺體必須妥善處理，以防止更大範圍的傳播。漢代時，政府會提供安葬補貼給一些死者家庭，鼓勵民眾及時安葬。宋代，中國出現「漏澤園」這種特殊公益組織形式，由政府補貼資金、寺院出地及安排人員管理，將無主屍體掩埋，並形成了長期的制度。

不僅如此，古人還意識到良好的生活習慣和衛生條件，有助於預防瘟疫。端午飲雄黃酒、沐浴和掛艾葉等習俗，主要就是為了殺菌抑菌。

隔離，是自古以來對抗傳染病最有效的方式之一。

從出土竹簡可以得知，秦代就已經有隔離制度，而漢平帝也曾下詔：「民疾疫者，舍空邸第，為置醫藥。」意思是騰出一些住宅當作隔離區，將病人集中起來治療，切斷瘟疫的傳染源。

唐、宋時期，被隔離的傳染病人經常發生無人照料的情況。本著「無緣大慈、同體大悲」精神的**佛教寺院**，便**設置專門隔離癘病病人的醫院，叫做「癘人坊」**。

史料記載，唐貞觀十七年（六四三年），智嚴法師「還歸建業（今南京）依山結草……後往石頭城（今南京市西清涼山）癘人坊住，為其說法，吮膿洗濯，無所不為。永徽五年（六五四年）二月，終於癘所」。

這位在歷史上沒有多大名氣的智嚴法師，在南京癘人坊內為病人講解佛法、進行心理治療，同時也無微不至的照顧病人，時間長達二十餘年，最終因感染而圓寂在癘人坊內。

文學中的瘟疫蔓延時

許多我們熟悉的外國文學名著，故事都是圍繞瘟疫展開。例如古希臘作家索福克勒斯（Sophocles）的《伊底帕斯王》（*Oedipus Rex*），它的開頭就是瘟疫流行，按照神的指示，要找到殺害先王的凶手，瘟疫才能平息。而凶手，其實就是伊底帕斯王自己，這個故事是非常經典的悲劇。

義大利作家喬凡尼・薄伽丘（Giovanni Boccaccio）所著短篇小說集《十日談》（*Decameron*），背景就是十四世紀黑死病席捲歐洲時，佛羅倫斯（Firenze）一群年輕人躲避到偏遠鄉下，每天講故事度日，總共講了一百個故事。

諾貝爾文學獎得主、法國小說家阿爾貝・卡繆（Albert Camus）的小說《瘟疫》（*La Peste*），講述北非一個稱作奧蘭（Oran）的城市突發鼠疫，而一群人挺身對抗瘟疫的故事。

法國作家尚・吉奧諾（Jean Giono）《屋頂上的輕騎兵》（*Le Hussard sur le toit*）中的主角，是個流落法國的義大利上校，遇上一場瘟疫流行，在隔離和封堵中寸步難行，甚至只能在屋頂躲避追捕。

除此之外，我們熟悉的、與傳染病有關的小說，還有哥倫比亞作家加布列・賈西亞・馬奎斯（Gabriel García Márquez）創作的長篇小說《愛在瘟疫蔓延時》（*El amor en los tiempos del cólera*）。不過，這部小說裡瘟疫只是大背景，愛情才是故事核心。

前文提到，瘟疫對整個中國歷史文化產生深遠影響，文學當然也不例外。最有名的例子是東漢末年建安年間，瘟疫對文學創作產生的重大影響。建安文學的代表人物建安七子（按：指東漢末年漢獻帝建安年間，孔融、陳琳、阮瑀、徐幹、王粲、應瑒和劉楨七位文學家），除了孔融、阮瑀早死外，其餘五人全部死於疫病。

曹操的兒子魏文帝曹丕後來回憶：「昔年疾疫，親故多罹其災。徐、陳、應、劉，一時俱逝，痛可言邪？」說的就是建安七子中的陳琳、劉楨、徐幹、應瑒，他們四人因病在河北去世，而王粲則死在安徽。

曹操另一個兒子曹植的〈說疫氣〉，描述當時疫病流行的慘狀：「建安二十二年，癘氣流行，家家有僵屍之痛，室室有號泣之哀。或闔門而殪，或覆族而喪。」在這場瘟疫中，名醫張仲景的親族也有三分之二過世。

東漢末年這場瘟疫，不僅奪走文壇領袖的生命，也造成當時文士心理極大的壓力，使得他們拋棄既有「不朽」功名思想，轉向及時行樂的心態，也對遊仙產生更大的興趣。

唐代詩人們也受到瘟疫的影響，不少詩歌描寫瘟疫。詩聖杜甫早年生活在姑姑家，他和姑姑家的表哥都曾感染疫病。當時，有巫醫說睡在房屋的東南角能化解病情，姑姑就把這個位置讓給杜甫，自己的兒子則換到其他位置。結果，杜甫奇蹟般痊癒，他的表哥卻因病去世。後來，杜甫自己和妻兒也感染過其他傳染病，這些都在他的詩歌中被記錄下來。

唐代文人韓愈〈譴瘧鬼〉說：「醫師加百毒，熏灌無停機。灸師施艾炷，酷若獵火圍。詛師毒口牙，舌作霹靂飛。符師弄刀筆，丹墨交橫揮。」可以看到當時醫術加巫術的治療方法。

此外，古代文學名著《水滸傳》和《紅樓夢》中，也都寫到了瘟疫。

《水滸傳》整個故事的起源，就是瘟疫：「嘉祐三年上春間，天下瘟疫盛行。自江南直至兩京，無一處人民不染此症。天下各州各府，雪片也似申奏將來。且說東京城裡城外，軍民無其大半。」之後才引出三十六天罡、七十二地煞降臨凡間。

▲〈炙艾圖〉（宋代，李唐繪），又稱〈村醫圖〉，描繪古代農村行腳醫生幫人治病的場景：病人齜牙咧嘴、痛苦難耐，醫生正設法以炙艾法將膿引出。現藏於臺北故宮博物院。

▲ 痘疹娘娘畫像。痘疹娘娘，是民間對痘神的俗稱，傳說專管小兒出疹子、天花。在過去科學不發達、醫藥條件落後的情況下，染痘疹死亡率極高，曾被視為兒童成長過程中的一個重要關卡。當時，人們除了竭力醫治痘疹之外，還會祭拜痘疹娘娘。

不過，**歷史上其實並沒有這場瘟疫，這是作者施耐庵的文學創作。《紅樓夢》中有不少關於疾病的敘述。一百二十回中，有超過六十六回都描寫到疾病和醫藥知識，近百位出場人物患有各種不同的疾病，涉及病症一百一十餘種，關於醫藥的描述有兩百九十多處。**

在《紅樓夢》中，有一段描寫對抗傳染病天花的策略。

第二十一回：「誰知鳳姐之女大姐兒病了，正亂著請大夫診脈。大夫說：『替太太奶奶們道喜：姐兒發熱是見喜了，並非別症。』王夫人鳳姐聽了，忙遣人問：『可好不好？』大夫回道：『症雖險，卻順，倒還不妨。預備桑蟲、豬尾要緊。』鳳姐聽了，登時忙將起來：一面打掃房屋，供奉『痘疹娘娘』；一面傳與家人忌煎炒等物；一面命平兒打點鋪蓋衣服與賈璉隔房；一面又拿大紅尺頭給奶子丫頭親近人等裁衣裳。外面打掃淨室，款留兩位醫生，輪流斟酌診脈下藥，十二日不放家去。賈璉只得搬出外書房來安歇。鳳姐和平兒都跟王夫人日日供奉『娘娘』。」

這段文字中，就提及**當時對抗傳染病的幾項策略：拜神、用藥、清潔、隔離。**

總結而言，瘟疫及對抗瘟疫的戰鬥，對中國文化的影響非常深遠。了解古代的抗疫往事，或許能提供我們更多思考空間。

國家圖書館出版品預行編目（CIP）資料

史官不提的中國文明史：正史不記載，但決定人怎麼活的大事！文獻搜尋、出土文物佐證，最有感的歷史是生活。／侯印國著. -- 初版. -- 臺北市：大是文化有限公司，2023.02
304 面；14.8×21公分. --（TELL；050）
ISBN 978-626-7192-81-8（平裝）

1. CST：文明史　2. CST：文化史　3. CST：中國

630　　111018614

TELL 050

史官不提的中國文明史

正史不記載，但決定人怎麼活的大事！
文獻搜尋、出土文物佐證，最有感的歷史是生活。

作　　者／侯印國
責任編輯／連珮祺
校對編輯／楊皓
美術編輯／林彥君
副 主 編／馬祥芬
副總編輯／顏惠君
總 編 輯／吳依瑋
發 行 人／徐仲秋
會計助理／李秀娟
會　　計／許鳳雪
版權主任／劉宗德
版權經理／郝麗珍
行銷企劃／徐千晴
行銷業務／李秀蕙
業務專員／馬絮盈、留婉茹
業務經理／林裕安
總 經 理／陳絜吾

出 版 者／大是文化有限公司
臺北市 100 衡陽路 7 號 8 樓
編輯部電話：（02）23757911
購書相關諮詢請洽：（02）23757911 分機 122
24小時讀者服務傳真：（02）23756999
讀者服務E-mail：dscsms28@gmail.com
郵政劃撥帳號：19983366　戶名：大是文化有限公司

法律顧問／永然聯合法律事務所
香港發行／豐達出版發行有限公司 Rich Publishing & Distribution Ltd
地址：香港柴灣永泰道 70 號柴灣工業城第 2 期 1805 室
Unit 1805, Ph.2, Chai Wan Ind City, 70 Wing Tai Rd, Chai Wan, Hong Kong
電話：21726513　傳真：21724355
E-mail：cary@subseasy.com.hk

封面設計／林雯瑛　內頁排版／江慧雯
印　　刷／緯峰印刷股份有限公司

出版日期／2023 年 2 月初版
定　　價／新臺幣 420 元（缺頁或裝訂錯誤的書，請寄回更換）
I S B N／978-626-7192-81-8
電子書ISBN／9786267192771（PDF）
9786267192764（EPUB）